RICHARD GRAF

MACHT ÜBER EMOTIONEN GEWINNEN

Zwölf Rituale für sicheres Golf

In Erinnerung an meinen Vater

Für dieses Buch wurde Martin Westphal auf dem 18-Loch-Fontane Course des Märkischen Golfclubs Potsdam fotografiert. Mehr zum Platz unter www.dermaerkische.de

Fotos
Klaus Knuffmann

Grafiken
Manuel Federl

Druck: AZ Druck und Datentechnik GmbH, Kempten
Printed in Germany

ISBN 978-3-7828-5005-6

RICHARD GRAF

MACHT ÜBER EMOTIONEN GEWINNEN

Zwölf Rituale für sicheres Golf

kraemerverlag

BIOGRAFIEN

RICHARD GRAF

Jahrgang 1956, Ausbildung zum Dipl.-Mathematiker, arbeitet als Business Coach in Unternehmen mit Schwerpunkt auf Change-Prozessen sowie als Personal Coach und Trainer für mentales und emotionales Golftraining. Sein Fokus im Golf liegt dabei auf dem Umgang mit Emotionen. Die Ergebnisse seiner langjährigen Forschungsarbeit auf dem Gebiet der Emotionen und deren Auswirkungen auf Entscheidungen und Handlungen übertrug er auf das Golfspiel. Daraus entwickelte er die golfact-Werkzeuge, Rituale zum Umgang mit Emotionen. Er trainiert Professionals, Mannschaften und Amateure. An der Steinbeis-Hochschule Berlin leitet er die Arbeitsstelle Golf und Gesundheit. Mehr zu seinen Seminaren unter www.golfact.de

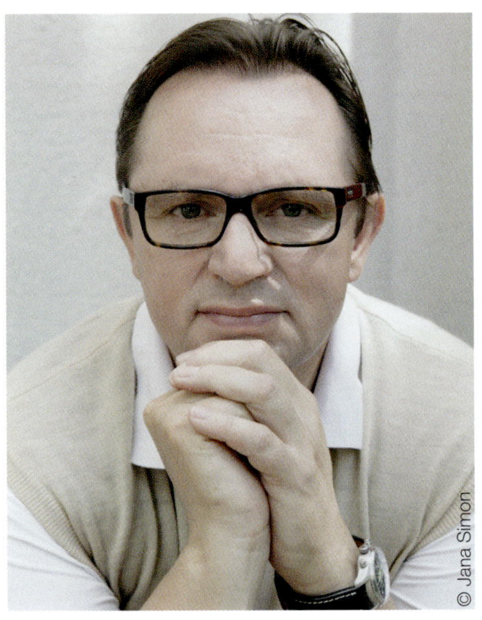

© Jana Simon

MANUEL FEDERL

Jahrgang 1987, ist gelernter Mediengestalter und studierter Kommunikationsdesigner (HTW Berlin). Er ist Co-Gründer des Designbüros www.mus-kat.de

KLAUS KNUFFMANN

Jahrgang 1969, hat nach dem Studium der Politikwissenschaft, Rechtswissenschaft und Journalistik in Bonn und Hamburg eine Ausbildung zum Fotografen absolviert. Heute arbeitet er als selbständiger Pressefotograf. Er ist seit mehr als 15 Jahren für Magazine wie Stern, Brigitte, GEO und National Geographic tätig.

INHALT

WIE SIE DAS GOLF SPIELEN, ZU DEM SIE FÄHIG SIND

MARTIN WESTPHAL

Gutes Golf zu spielen ist viel mehr als nur einen guten Schwung zu haben. Das habe ich in meiner Zeit als Profispieler immer wieder festgestellt. Wie oft habe ich erlebt, dass sich ein schlechter Schlag im Kopf geradezu einnistet und sich der Ärger darüber nicht wegstecken lässt, obwohl ich doch weiß, dass ich nach Abschluss eines Schlags das Ergebnis annehmen und entspannt zum Ball gehen sollte. Doch wie oft gelingt das nicht. Wie oft zeigen selbst erfahrene Spieler auf der Tour ihre Frustration, fluchen, schreien oder knallen ihrem Caddy den Schläger hin.

Wenn es nur bei einer kurzen Reaktion bliebe, wäre das ja noch hinzunehmen. Aber oft nimmt man die schlechte Erfahrung mit zum nächsten Schlag und überkompensiert ihn. War der Chip aufs Grün zu kurz, wird der nächste Chip zu lang. War der Abschlag zu weit rechts, ist der nächste zu weit links. Berufsspieler mit ihrer großen Erfahrung schaffen es meist noch eher, das Blatt wieder zu wenden, zumindest wissen sie, dass sie sich nicht zu sehr in die negativen Gefühle fallen lassen sollten. Bei Amateuren, die ein Turnier spielen, setzen sich die Störungen viel leichter ungebremst durch und nähren den Selbstzweifel.

Um unsere Emotionen in den Griff zu bekommen und zu einem angemessenen Umgang mit Ärger, Angst und Enttäuschung zu finden, der unser Spiel fördert, brauchen wir Rituale. Werkzeuge, die uns helfen, unsere Gefühlslage in den Griff zu bekommen und die uns befähigen, dass uns die Erfahrung bei einem schlechten Schlag nicht auch noch den nächsten Schlag verhauen lässt. Das ist das Ziel dieses Buches: dass wir Macht über unsere Emotionen gewinnen. Denn wir können noch so gut physisch und technisch ausgebildet sein, wenn wir unsere Emotionen nicht steuern können, werden wir leicht zum Opfer unserer Versagensängste.

Über Erfolg oder Misserfolg entscheidet nicht die Golftechnik alleine. Das wusste schon Jack Nicklaus. „Siegen hat nichts mit Perfektion zu tun“, sagte er einmal. „Es gibt keinen perfekten Golfschwung. Wichtig ist, dass Dein Schwung funktioniert. Dass Du den Ball dort hinbringst, wo Du ihn hinhaben willst. Aber Du solltest wissen, an dieser Aktion sind Deine Emotionen beteiligt. Ein Siegertyp ist derjenige, der sein Emotionssystem auch unter größter Anspannung steuern kann."

Selbst wenn Sie kein Tourspieler werden wollen, wollen Sie Ihr Talent zu größtmöglicher Entfaltung bringen. Die golfact-Rituale, die Sie individuell anpassen können, sind dafür die optimale Grundlage. Ich wäre froh gewesen, wenn es zu meiner aktiven Zeit diese Rituale schon gegeben hätte. Ich bin überzeugt, dass ich dann souveräner gespielt hätte und vielleicht auch länger als Playing Professional aktiv gewesen wäre. Dem Amateur verschaffen die Rituale mehr Freude am Spiel und mehr Erfolg beim Turnier, was sich nicht zuletzt auf ein positives Mannschafts- und Club-Leben auswirkt. Vor allem in der Ausbildung von Golftrainern sollte das mentale emotionale Training einen festen Platz haben.

Ob Playing Pro, Teaching Pro, Mannschaftsspieler oder engagierter Amateur – die Rituale liefern dem Spieler jeder Handicap-Klasse die Basis, das beste Golf zu spielen, zu dem er fähig ist. Den Herren gleichermaßen wie den Ladies.

Martin Westphal, Jahrgang 1962, ist PGA Professional, DGV A-Trainer und seit 2004 Geschäftsführer des Märkischen Golfclubs Potsdam. Bei der PGA of Europe arbeitet er mit an der Angleichung der Ausbildungsrichtlinien im europäischen Golfsport.

EINFÜHRUNG IN DEN GEBRAUCH DER RITUALE

Rituale geben Sicherheit. Die in ihnen eingebettete Routine ist eine durch Erfahrung erworbene Fähigkeit, eine Tätigkeit sicher, schnell und überlegen auszuführen.

Die in diesem Buch vorgestellten Rituale unterstützen alle wesentlichen Abläufe und Situationen im Golfspiel. Das gesamte Golfspiel wird strukturiert in die Zeit vor dem Spiel, die Golfrunde und in die Zeit zwischen den Golfschlägen, gefolgt vom Golfschlag. Der Golfschlag selbst wird in den Golfschwung mit dem Pre- und Post-Shot-Ritual unterteilt.

DAS RICHTIGE RICHTIG TUN

Die Rituale müssen genau so gelernt werden wie der Golfschwung. Es wäre Illusion zu glauben, man liest ein Buch oder besucht ein Seminar und hat dann seine Emotionen im Griff. Eine Studie aus dem Jahr 1985 an der University of Chicago, die im „Cambridge Handbook of Expertise and Expert Performance" 2006 veröffentlicht wurde, benennt die Voraussetzungen, um erfolgreich zu sein.

Professionelle Anweisung und Unterstützung, um das Richtige richtig zu üben, ist das Wichtigste. Meine Empfehlung lautet deshalb, lesen Sie das Buch achtsam, versuchen Sie, die Rituale bewusst zu verstehen, besuchen Sie ein Seminar oder besprechen Sie die Rituale mit Ihrem Golftrainer und mit Gleichgesinnten.

Die zweite Voraussetzung ist trivial, allerdings auch anstrengend und doch selbstverständlich. Nur die Übung macht den Meister. Selbst die begabtesten Talente aus Sport, Musik und Wissenschaft müssen hart an sich arbeiten. Also üben und immer wieder üben, am besten während der Golfrunde. Nicht zuletzt ist ein unterstützendes Umfeld wichtig. Zum Glück bekennen sich Golf- und andere Leistungssportler immer häufiger zum mentalen und mehr und mehr auch zum emotionalen Training. Seien Sie achtsam gegenüber den Besserwissern und Heilsversprechern, die sofortige Hilfe und Lösungen versprechen. Suchen Sie Gleichgesinnte und Zuspruch in Ihrem Umfeld.

Talent, das gerne als Voraussetzung und auch Erklärung für Unvermögen gesehen wird, spielt dabei nur eine untergeordnete Rolle. Nicht nur harte Arbeit, sondern die Liebe zu dem, was man tut, führt zum Erfolg. Finden Sie die Liebe und Freude zu dem, was Sie tun. Der Erfolg wird sich mit der Anwendung der Rituale mehr und mehr einstellen.

STRUKTURIERENDE RITUALE

Die Rituale stehen zum einen für sich allein, zum anderen bauen sie gezielt aufeinander auf. Natürlich können Sie sich nicht zwölf Rituale auf einmal einprägen.

Da jeder Golfspieler auf einer Runde in Situationen kommt, wo er mit sich hadert, empfehlen wir, mit dem Relax-Ritual zu beginnen. Wenden Sie es auf mehreren Runden hintereinander an, bis Sie es sicher beherrschen. Je nach Ausführung werden Sie sehen, dass das ganze Ritual zwischen 30 Sekunden und zwei Minuten dauern wird. Die positiven Auswirkungen auf Ihr Spiel werden sich erst langfristig zeigen. Jedoch erhalten Sie mit diesem Ritual die mentale Kraft für eine Golfrunde aufrecht und legen das Fundament für ein erfolgreiches Golfspiel.

Als zweites Ritual sollten Sie das Ritual „Schlag-Ende“ erlernen. Es beendet den Golfschlag, fördert damit die Akzeptanz und leitet in das Relax-Ritual über. Damit bauen Sie die Brücke vom Golfschlag zur Zeit dazwischen und können die Energie für eine erfolgreiche Golfrunde leichter auftanken.

Als nächstes empfehlen wir die Beschäftigung mit dem Ritual „Sicher entscheiden“ und die bewusste Nutzung der Intuition. Jede Planungsphase und jede Situation im Spiel, die eine Entscheidung benötigt, wird einfacher und sicherer. Mit diesem Ritual nimmt die Klarheit und Sicherheit in Ihren Entscheidungen Einzug.

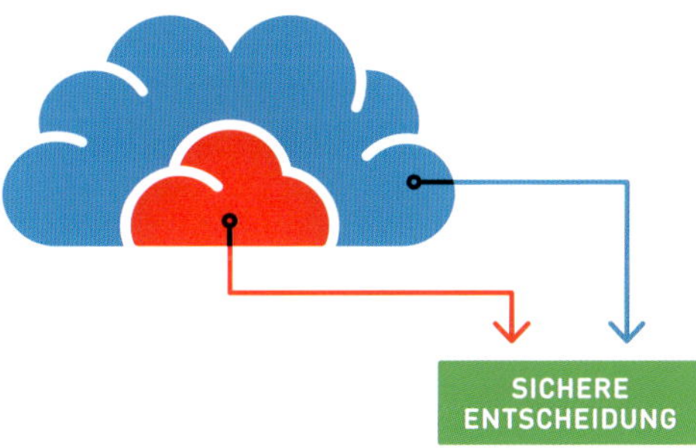

Emotionen (rot) beeinflussen das bewusste Denken, die Kognition (blau)

Erweitern Sie Ihren Werkzeugkasten mit dem Ritual „Pre- und Post-Shot“. Sie besitzen schon heute eine bestimmte Art der Vor-und Nachbereitung Ihres Golfschlags. In diesem Ritual lernen Sie, wie Sie das, was Sie bereits tun, noch verfei-

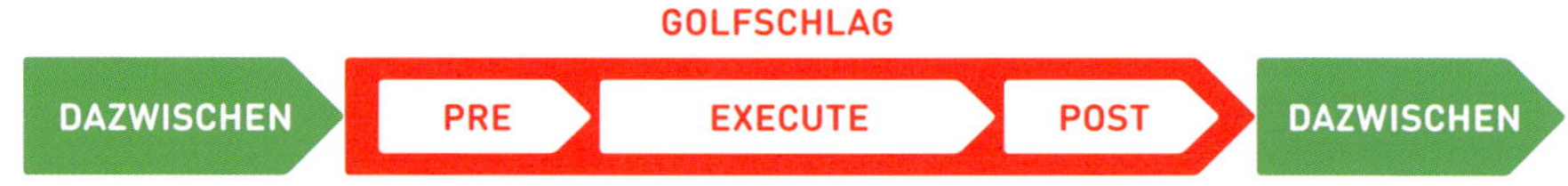

nern und vor allem in kritischen Situationen bewusst abrufen können.

Diese eher strukturierenden Rituale werden erstmals nachhaltige Verbesserungen in Ihrem Spiel bewirken. Jetzt haben Sie bereits ein Gerüst für ein stabiles bewusstes Golfspiel und können beginnen, sich von Belastungen zu lösen.

BEFREIEN AUS BELASTENDEN SITUATIONEN

Beginnen Sie mit dem Ritual „Umgang mit Gefühlen". Auch wenn es einfach scheint, sollten Sie einen Notizzettel mit auf die Runde nehmen. Das Ritual wird anfangs etwas Zeit brauchen und die Emotionen werden immer wieder das Kognitionssystem schwächen oder zuweilen ausschalten. Es hat sich als hilfreich erwiesen, wenn Sie in solchen Situationen auf etwas außerhalb Ihres Gehirns zugreifen können. Professionals legen Kurzbeschreibungen der für sie wichtigen Rituale ins Birdie-Buch. Damit haben Sie zum richtigen Zeitpunkt die unterstützende Information bei der Hand.

Machen Sie zügig weiter mit der „Regulierung von Emotionen", die Sie aus den belastenden Situationen führen wird. Auch dieses mehr körperorientierte Ritual wirkt einfach, braucht jedoch eine disziplinierte Lernphase, da die Emotionen anfangs eine andere affekthafte Entscheidung forcieren.

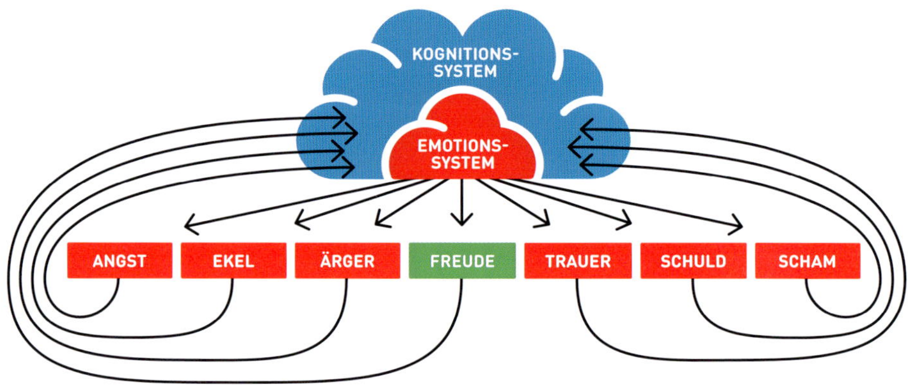

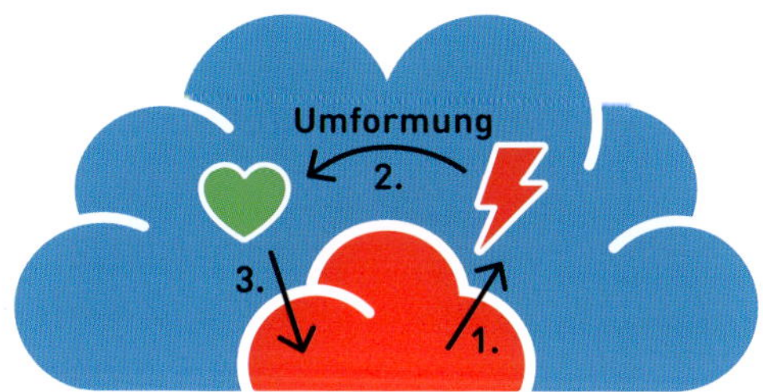

Wenn Ihnen die beiden Rituale gelingen, können Sie weitergehen, um anschließend Ihren Zustand weiter mit Ressourcen zu stabilisieren. Wichtig ist, den „Umgang mit Gefühlen" und die „Regulierung von Emotionen" zuerst zu erlernen, weil der Ressource-Anker sonst entwertet wird und seine Wirksamkeit verliert. Diese drei Rituale werden deutliche Einbrüche verhindern, oder zumindest lindern, und Ihren Score deutlich verbessern.

Ein weiteres Ritual „Innerer Dialog" sorgt dafür, dass Sie immer seltener in belastende Situationen gelangen. Wenn Sie Erfahrungen gesammelt haben, wie Sie komplexere Rituale erlernen und anwenden, sollten Sie sich diesem Ritual zuwenden. Wir können Ihnen versprechen, mit dem Ritual „Innerer Dialog" wird es nie mehr langweilig auf der Runde. Der oft schleichende Absturz in einer Runde wird verhindert und Ihr Score stabilisiert sich auf dem Niveau, zu dem Sie fähig sind.

EIN BESSERER SCORE DURCH DAS RITUAL „SICHER PUTTEN"

Wer seine Performance auf dem Grün verbessern will, kann sich auch sehr früh mit dem Putt-Ritual beschäftigen. Das Putt-Ritual verbessert sofort Ihre Putt-Statistik und damit Ihren Score. Sie können es direkt nach dem Pre- und Post-Shot-Ritual erlernen. Jedoch sollten Sie vorher das Ritual „Sicher entscheiden" beherrschen. Eine höhere Wirksamkeit wird sich zeigen, wenn Sie die Rituale für belastende Situationen schon anwenden können.

ERWEITERNDE RITUALE

Wenn Sie die ersten Rituale sicher beherrschen und die unterstützende Erfahrung auf dem Golfplatz gemacht haben, werden Sie selbst wissen, welches Ritual Sie als nächstes brauchen. Denn keiner weiß besser, was Sie brauchen, als Sie selbst.

Ihr Richard Graf

Die Kurzform aller Rituale finden Sie als Download unter www.golfact.de

WAS BRINGT MENTALES EMOTIONALES GOLFTRAINING?

Fragt man Golfer aller Spielstärken, was sie sich am meisten wünschen, so bekommt man fast immer als Antwort: „Ein gutes, stabiles, wiederholbares Golfspiel." Wie kann mentales und emotionales Golftraining dazu beitragen, dieses Ziel zu erreichen? Das Buch stellt zwölf Rituale, die golfact-Rituale, einschließlich ihrer Grundlagen vor, die Ihnen dabei helfen, dieses Ziel zu erreichen.

Rituale sind leicht zu erlernen und können ohne Mühe ins Spiel integriert werden. Emotionen dagegen sind etwas sehr Dynamisches, etwas Grundlegendes, das für alle Menschen gilt, und gleichzeitig etwas höchst Individuelles. Das bewusst abrufbare Wissen über Emotionen wird Sie unterstützen, die Macht über Ihre Emotionen zu gewinnen und sie auf diese Weise positiv für Ihr Golfspiel und Ihr Leben zu nutzen. Man könnte es zugespitzt auch so formulieren: Das bewusste Denken, die Kognition, hat die Evolution nur geschaffen, damit wir Macht über unsere Emotionen gewinnen. Haben Sie die Grundstruktur der Emotionen einmal erkannt, wollen Sie sie nicht mehr weghaben. Sie identifizieren dann Ihre Emotionen und beginnen, diese als Erfolgsfaktor wertzuschätzen.

Die golfact-Rituale lassen in Ihnen die Confidence entstehen, die Überzeugung, Sicherheit und Entschlossenheit für die Planung und Ausführung des nächsten Schlags. Nur dann spielen Sie das Golf, zu dem Sie fähig sind, und finden genau den richtigen Korridor der Entschlossenheit, ohne sich selbst zu überschätzen oder gelähmt zu werden von Angst und Selbstzweifeln.

Selbstverständlich brauchen Sie eine gute Schwungtechnik. Diese erlernen Sie bei Ihrem Golftrainer. Das mentale und emotionale Golftraining setzt auf der Basis Ihrer bestehenden Schwungtechnik an und unterstützt diese, egal ob Anfänger, Amateur, Mannschaftsspieler oder Professional.

Wenn Sie beispielsweise nach dem dritten Schlag im Sandbunker immer noch verbissen auf den Ball schlagen wollen, sind Ihre Emotionen in keinem guten,

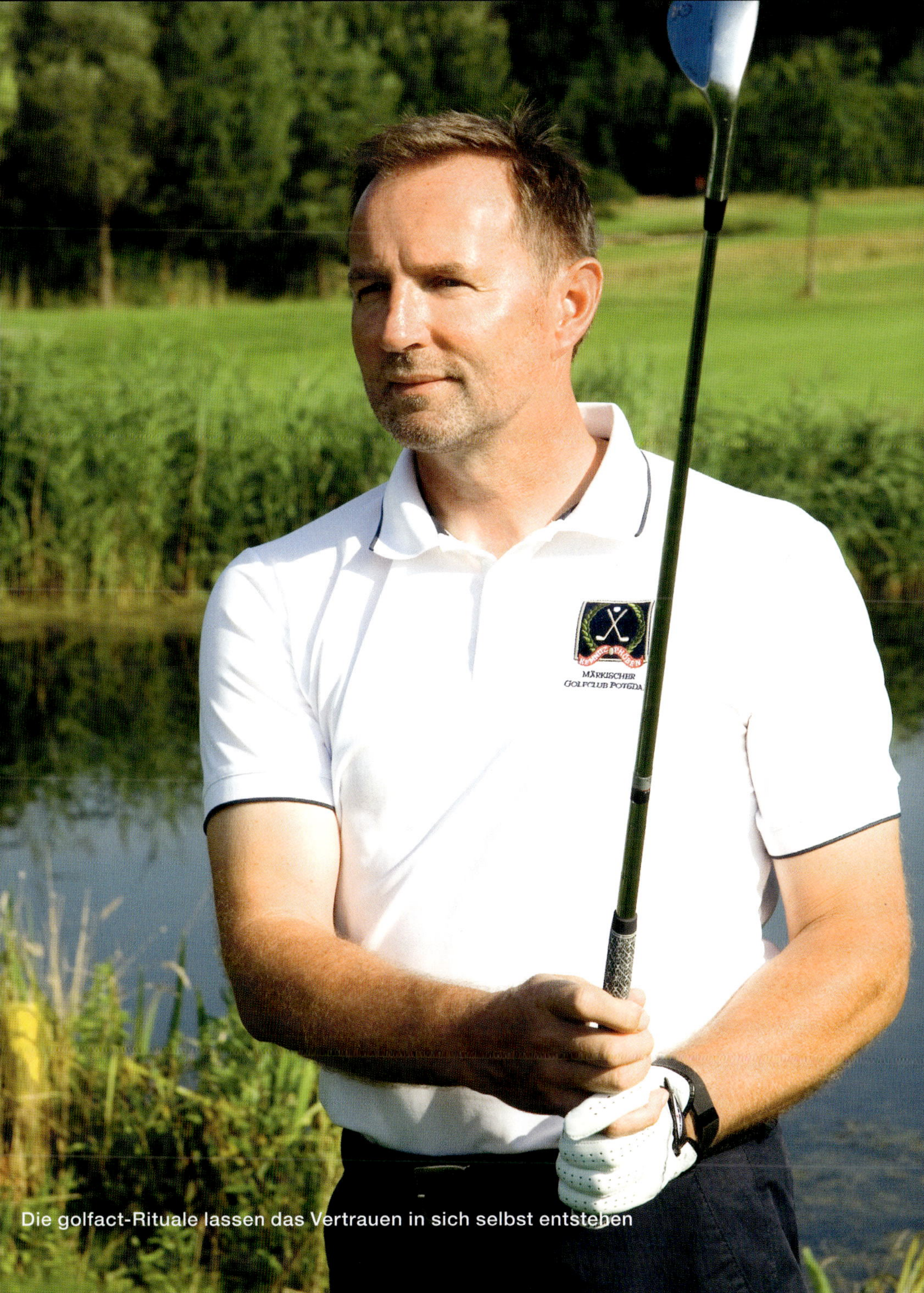

Die golfact-Rituale lassen das Vertrauen in sich selbst entstehen

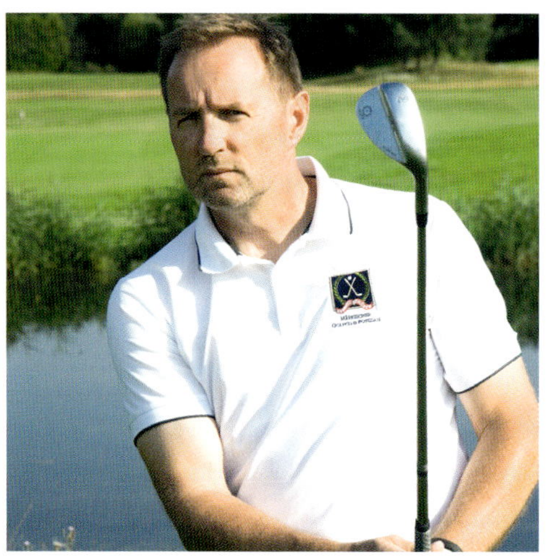

Mit den golfact-Ritualen werden Selbstzweifel in Zuversicht und Entschlossenheit verwandelt

funktionalen Bereich. In dieser Situation erhalten Sie durch die golfact-Rituale die Unterstützung, die Sie wieder in einen Zustand kommen lässt, in dem Sie bewusst denken, um einen angemessenen Schlag planen und ausführen zu können.

Das gefühlte „Sterben" am Tee 1 ist nicht bewusst gedacht. Jeder Golfer würde vorziehen, etwas anderes und vor allem Angenehmeres zu denken. Wenn Sie bei schlotternden Knien am Tee 1 die emotionale Regulierung nutzen, werden Sie Ihre Angst in den Griff bekommen und mit Achtsamkeit und Entschlossenheit an den Abschlag gehen. Durch das mentale und emotionale Golftraining nehmen Sie die Gestaltung Ihres Golfspiels aktiv in die eigene Hand.

Ganz konkret lernen Sie, mit der Aufregung vor dem Spiel, am Tee 1, vor Wasserhindernissen und in allen anderen kritischen Situationen umzugehen. Als absolutes Novum lernen Sie Ihre Intuition kennen. Sie ist ein unabdingbarer Bestandteil unserer Entscheidungen. Die Erkenntnisse dazu basieren auf den neuesten Forschungen der Neurowissenschaften und der Emotionsforschung.

Sie erzeugen mit mentalem und emotionalem Training Gelassenheit und einen klaren Kopf vor Herausforderungen und sorgen so für muskuläre und geistige Entspannung, die Sie für gute sportliche Leistung und Erfolg brauchen. Und für die Situationen, in denen es mal nicht so gut läuft, erlernen Sie den Umgang mit Fehlschlägen und deren Akzeptanz als Voraussetzung für eine positive Chance beim nächsten Schlag. Sie lernen den Umgang mit einem störenden Umfeld; Nebengeräusche, Handyklingeln, Bewegungen und Verhaltensweisen von Flight-Partnern und Zuschauern verarbeiten Sie mühelos, kehren in Ihre Achtsamkeit zurück und fokussieren sich auf das Wesentliche.

Selbstzweifel konvertieren Sie in Vertrauen in sich selbst und in die eigenen

Fähigkeiten, womit Sie sich anschließend erreichbare, realistische und klare Ziele setzen. Mentales und emotionales Golftraining steigert Ihre Freude am Golfspiel und Sie spielen mehr und mehr das Golf, zu dem Sie wirklich fähig sind. „Erfolg beginnt damit, die eigenen Gefühle zuzulassen, ohne dem Impuls zur Handlung zu folgen. Wenn Du nicht akzeptierst, was Du fühlst, kannst Du anschließend auch nicht steuern, was Du tust“, ist die Quintessenz der Emotionsregulierung.

Was hindert uns daran, dieses gute, stabile und wiederholbare Golfspiel zu erlernen und regelmäßig anzuwenden? Warum lernen Golfspieler das nicht genauso einfach wie lesen und schreiben? Und warum gibt es immer wieder neue Dramen, über die so viel geschrieben und noch mehr geredet wird? Um wirklich gutes Golf zu spielen, müssen Sie das Richtige richtig üben, mit Freude und Begeisterung, sonst sind die ganzen Übungsstunden umsonst. „Wir sind das, was wir wiederholt tun“, schrieb Aristoteles schon vor mehr als zweitausend Jahren.

Das Ziel eines guten, wiederholbaren Schwungs ist nur mit einer guten Schwungtechnik zu erreichen; auch wenn diese sehr unterschiedlich sein kann, wie auf der PGA Tour zuweilen zu sehen ist. Für das

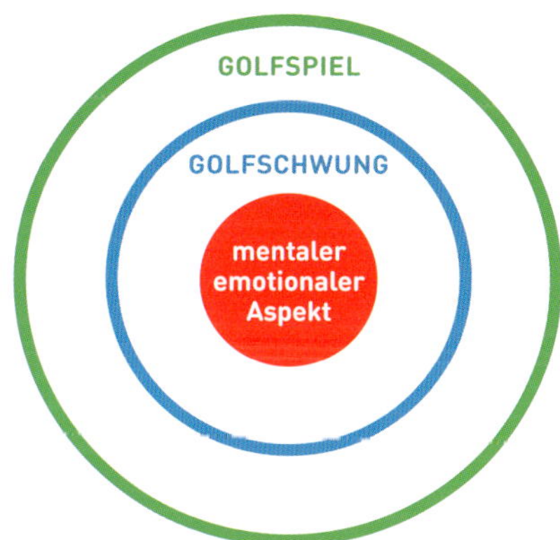

Der mentale und emotionale Aspekt ist in den Ritualen integriert

Erlernen einer individuellen und sicheren Schwungtechnik finden Sie in den Golfclubs ausgebildete professionelle Golftrainer. Das Trainingsequipment und die Hilfsmittel haben eine Güte erreicht, die kaum noch Wünsche offen lässt. Dieses Training alleine reicht jedoch für ein stabiles Spiel nicht aus.

Ohne mentale Stärke und emotionale Regulierung helfen der gute Golfschwung und das beste Equipment nicht viel. Je besser die Spielstärke desto mehr gewinnen der mentale und der emotionale Aspekt an Bedeutung. Je besser Sie spielen, desto wichtiger ist deshalb das mentale und emotionale Training für Sie. Es unterstützt aber genauso den Anfänger beim Lernen der Basics und reduziert die Negativerlebnisse bei den ersten Gehver-

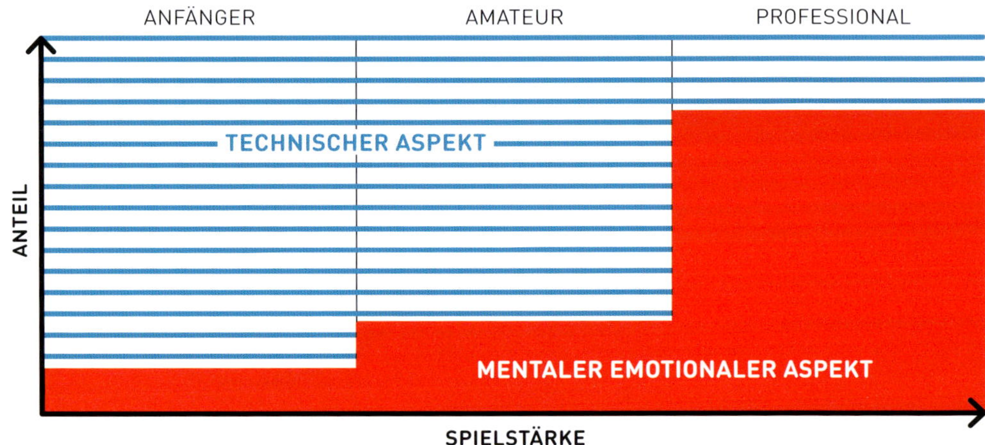

Mit zunehmender Spielstärke wird der mentale emotionale Aspekt immer bedeutender

suchen, so dass die Anfänger eher dabei bleiben und sich nicht frustriert abwenden. Amateure haben dadurch mehr Freude und entwickeln ihr Golfspiel leichter und schneller. Dem ambitionierten Golfspieler ebnet der richtige Umgang mit dem mentalen und emotionalen Aspekt erst den Weg zu einem erfolgreichen Spiel.

Bei den Professionals entscheiden mentale Stärke und Beherrschung der Emotionen über Sieg oder Niederlage. Die Spielstärke in der Weltspitze ist heute sehr dicht geworden, so dass nicht nur eine Handvoll Spitzenspieler, sondern jeder aus dem Teilnehmerfeld gewinnen kann. Es setzt sich derjenige durch, der mental stärker ist und sich emotional besser regulieren kann.

Schon in den 1960er Jahren hat die Weltspitze mit Mentaltrainern gearbeitet. Früher geschah das eher ohne Wissen der Öffentlichkeit. So sagte einmal Warren über seinen Vater Tony Jacklin, den zweifachen britischen Major-Sieger: „Wenn es überhaupt etwas am Spiel meines Vaters zu verbessern gab, dann der mentale Aspekt. Bei uns zu Hause gaben sich alle renommierten Mentaltrainer der damaligen Zeit die Klinke in die Hand."

Heute bekennen sich viele Golf- und andere Leistungssportler zum mentalen und mehr und mehr auch zum emotionalen Training. Der Ruch von Versagen oder gar „nicht richtig im Kopf zu sein" ändert sich in eine positive Haltung. Es wird inzwischen als Zeichen der Stärke angesehen, wenn sich ein Sportler mit professionellen Konzepten und Methoden zum mentalen und emotionalen Golftraining beschäftigt. Das ist heute der wesentliche Unterschied zwischen Erfolg und Misserfolg.

Die Nummer eins der Weltrangliste im ersten Halbjahr 2015, Rory McIlroy, gab im vergangenen Jahr offen zu: „Es ist alles mental." McIlroy wusste zwar nach eigener Aussage nicht genau, warum das so ist, und fast niemand kennt die Gründe für Tiefs und schlechte Stimmung. Sie sind auch gar nicht so leicht zu erklären, da sie dem Bewussten nicht zugänglich sind. Die gute Botschaft ist aber, Sie müssen es auch nicht wissen. Die Lösung liegt in mentalen und emotionalen Ritualen, Konzepten und Werkzeugen, die Sie einfach anwenden können, ohne alles zu hinterfragen.

Zum Glück gibt es inzwischen effizientere Wege als die Heilsversprechen von Mentaltrainern und psychologische Ansätze, die kaum in den Golfsport integriert sind. Moderne funktionale mentale und emotionale Rituale sind heutzutage in den Golfschwung und in das Golfspiel eingebettet. Die mentalen Methoden sind im Golfsport wichtig, aber nicht ausreichend. Erst der emotionale Aspekt komplettiert den Werkzeugkasten und erlaubt den Spielern, die Herausforderungen dieses Sports zu bewältigen. Ist eine Situation schon mit Angst oder Ärger durchflutet, helfen reines Denken und mentale Strategien nicht mehr weiter. Erst die Verbindung von mentalen und emotionalen Strategien und deren vollständige Integration in den Golfschwung führen zu einem wirklich erfolgreichen Golfspiel.

Es ist längst keine Frage mehr, ob mentales Training für Sie gut ist oder nicht. Technik, mentale und emotionale Aspekte stehen gleichwertig nebeneinander. Die Freude am Sport gesellt sich dann automatisch dazu – durch den Erfolg, aber auch durch die mentale Stärke und die emotionale Regulierung, wenn es mal nicht so gut läuft. Einem erfolgreichen Spiel und der Freude daran stehen nichts mehr im Wege.

Die Erkenntnis, wie Menschen denken und entscheiden, sowie die Erfahrungen aus der Arbeit mit PGA Professionals führten zu der Entwicklung der golfact-Rituale für das mentale und emotionale Golftraining. In den Ritualen werden das Emotionssystem und das Kognitionssystem in jeweils angemessenen Bereichen reguliert und in ihre natürliche Wirkungsreihenfolge gebracht. So entsteht Confidence, die Überzeugung, Sicherheit und Entschlossenheit, die Sie brauchen, um das Golf zu spielen, zu dem Sie fähig sind.

MACHT ÜBER EMOTIONEN GEWINNEN – WAS UNS BEWEGT

Emotionen sind nicht das, was sie zu sein scheinen. Sie sind weder gut noch schlecht. Sie wirken ohne unser bewusstes Zutun. Doch wie kann man über etwas Macht gewinnen, das so vielfältig und unterschiedlich auftritt und so schwer zu greifen ist? Was ist es, das sich unserer Kontrolle entzieht und auch nicht ohne weiteres nach unserem Wunsch hergestellt werden kann? Haben wir ein Grundverständnis über das, was Emotionen sind und bewirken, müssen wir nicht länger zum Opfer werden. Wir sind dann den Gefühlen nicht zwangsläufig ausgeliefert, sondern können gezielt mit ihnen umgehen und sie zu unserem Nutzen bewusst gestalten.

Um gutes Golf zu spielen, müssen Sie kein Emotionsspezialist werden. Es reicht, einige grundsätzliche Wirkmechanismen zu kennen, auf deren Basis Sie die golfact-Rituale verstehen und ausführen können. Die Emotionsforschung hat sich auf wenige Grundemotionen geeinigt. Diese sind Angst, Ekel, Ärger, Trauer, Freude, Scham und Schuld. Alle anderen Emotionen sind Kombinationen der Grundemotionen. Auf dem Golfplatz haben wir es überwiegend mit Angst, Ärger und Enttäuschung zu tun. Diese Emotionen sowie Schuld und vor allem Scham, die in vielen Situationen mitschwingen, werden durch die golfact-Rituale angesprochen und beruhigt.

Erste These: Es gibt eine überschaubare Anzahl von Emotionen, die im Golf relevant sind.

Emotionen machen etwas mit uns, das ist zweifelsfrei. Bei genauerer Betrachtung bewegen sie uns im wahrsten Sinne des Wortes. Spüren Sie in sich, wie die Emotion Angst Sie achtsam werden lässt, um Sicherheit für Sie herzustellen. Kommt der Ärger hoch, spüren Sie sofort, wie Sie kraftvoll werden, um Einfluss auszuüben. Zusätzlich sorgt der Ärger für Distanz; andere bleiben in Abstand, wenn der Ärger bei Ihnen zunimmt. Das geschieht meist ganz automatisch, ohne Ihr bewusstes Zutun. So bewirkt jede Emotion einen wichti-

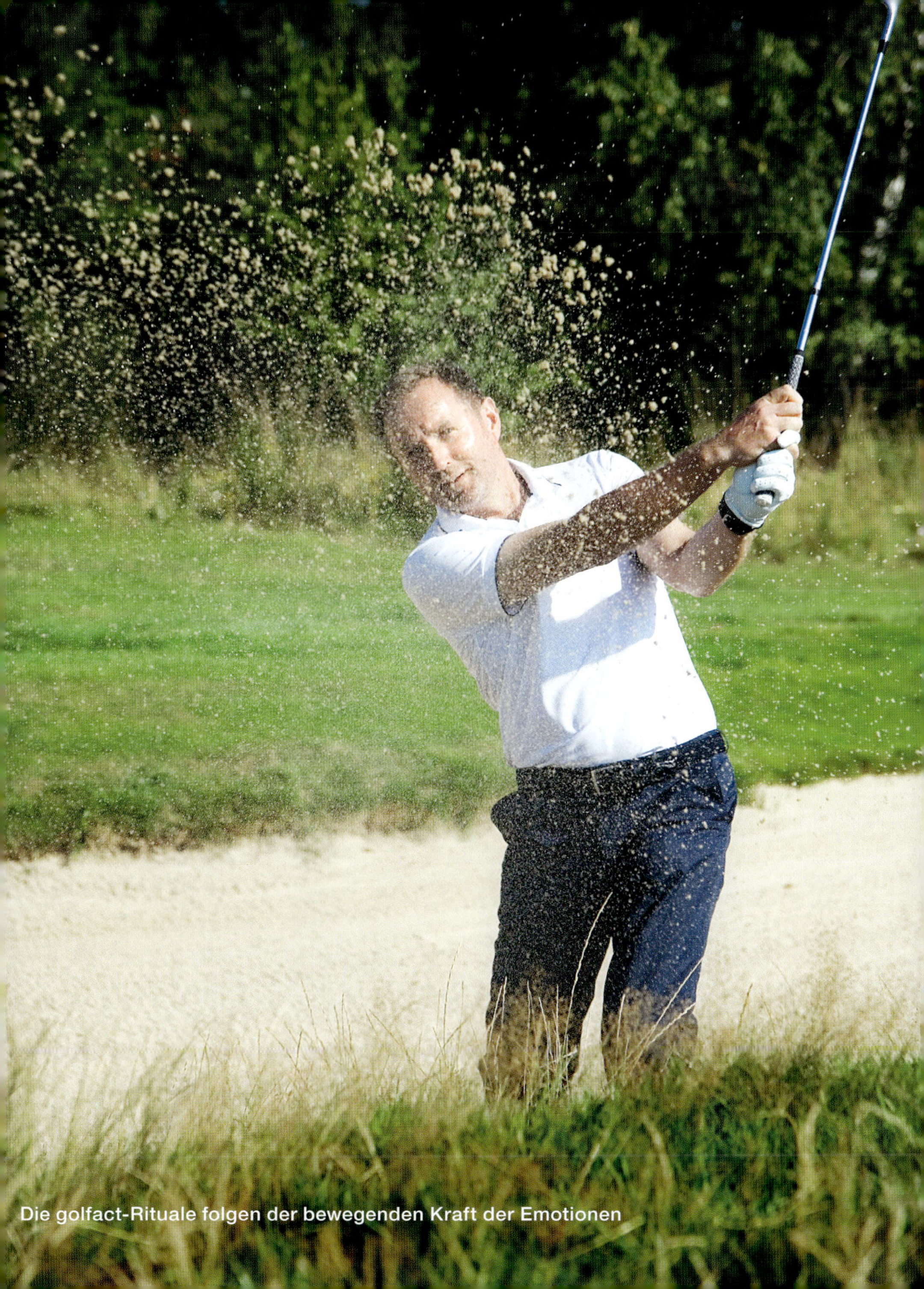

Die golfact-Rituale folgen der bewegenden Kraft der Emotionen

gen Beitrag für unser Leben:
- Angst macht Sie achtsam,
- Ärger möchte, dass Sie Einfluss nehmen,
- Trauer möchte, dass Sie sich lösen,
- Enttäuschung ist eine zusammengesetzte Emotion: Die Trauer motiviert Sie, sich von dem misslungenen Schlag abzulösen und der Ärger motiviert Sie, es nun besser zu machen.

Zweite These: Emotionen bewirken etwas, das für Leben bedeutend ist.

Eines ist sicher. Ein Gefühl ist, was man fühlt, was man wahrnimmt. Es ist etwas, was uns bewusst wird. Fassen Sie sich mit der Hand ins Gesicht. Sie werden den Druck Ihrer Hand auf der Wange spüren und vielleicht die Temperatur der Hand, des Gesichts oder beides wahrnehmen. Das sind Gefühle. Auch wenn es ungewohnt klingt und häufig das Gegenteil geäußert wird: Gefühle sind bewusst.

Der lateinische Wortstamm Emotion besteht aus ex für heraus und motio für Bewegung, Erregung – das führt uns näher an das, was Emotionen sind. Dass Emotionen was machen und uns bewegen, zeigte bereits die zweite These. Sie erregen uns und dies können wir wahrnehmen und spüren. Wir können die Angst spüren. Wir können fühlen, wie sich Enttäuschung mitteilt.

Dritte These: Gefühle sind bewusst.

Emotionen sind weder negativ noch positiv. Die Annäherung über ein Entweder-oder führt in die Irre. Es gibt für jede Emotion ein Zuwenig und ein Zuviel. Die Betrachtung im Sowohl-als-auch erhellt die Wirkungsweise

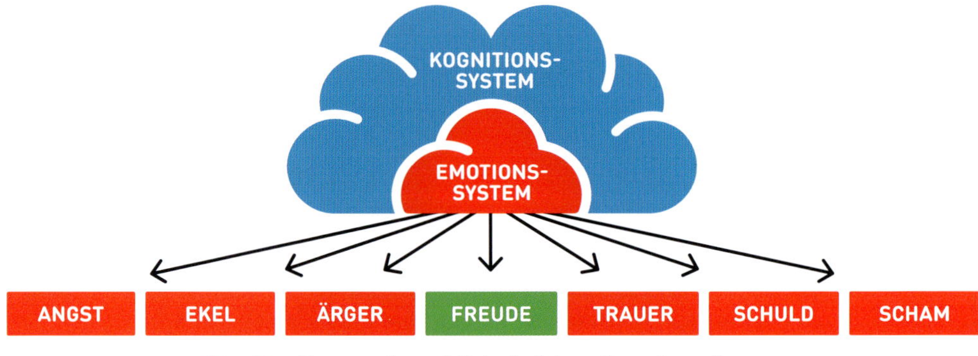

Das Emotionssystem aktiviert sieben Grundemotionen

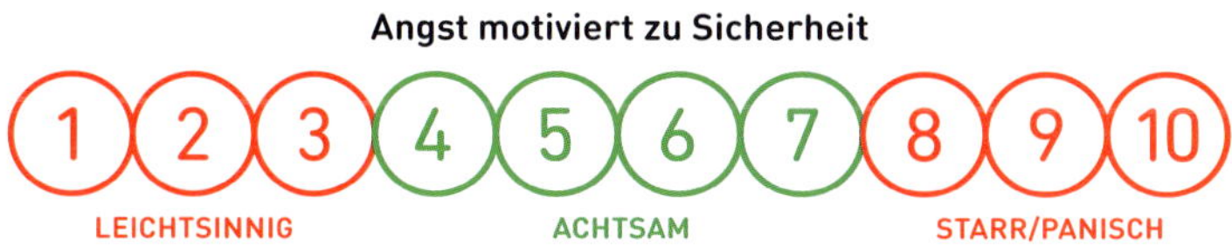

unserer Emotionen. Bei der Angst ist es der Leichtsinn als Zuwenig und die Panik als Zuviel. Auch wenn Emotionen nicht immer ins Ziel führen und wahrlich Schlimmes anrichten können, so sind sie doch notwendig und sichern das Überleben.

Vierte These: Emotionen sind weder negativ noch positiv. Sie sind ein äußerst sinnvoller und wirkungsvoller Überlebensmechanismus.

Haben Sie sich schon mal gefragt, was die Unterschiede zwischen Emotionen und Gefühlen sind? Die Wissenschaft, die Literatur und die Medien verwenden die Begriffe synonym und die Beschreibungen geben keinen Aufschluss, obwohl es sehr einfach ist. Es gibt vielfältige Gefühle, die angenehm oder unangenehm sind. So fühlt sich für manchen Spieler ein dicker Griff am Putter angenehm und die neue Baumwollhose bei heißem Sommerwetter unangenehm an. Für den einen sind 30 Grad Lufttemperatur angenehm und für den anderen unangenehm. Der raue Griff fühlt sich beim ersten Mal ungewohnt an und nach mehrfacher Nutzung bemerkt man es nicht mehr. Diese Gefühle sind eher Körperempfindungen.

Das Gefühl, das von einer Emotion ausgelöst wurde, das Emotionsgefühl, ist dagegen der lebenswichtige Hinweis an Ihr Bewusstsein: tue etwas. Es ist ein Hinweis vom Emotionssystem zur Aktivierung des Kognitionssystems, wenn es eine Situation nicht alleine bewältigen kann. Sie bemerken Ihre aktivierten Emotionen am unangenehmen Gefühl. Zuerst wirkt die Emotion, dann wird in bestimmten Situationen das Emotionsgefühl erzeugt. Das Emotionssystem nimmt das Wasserhindernis wahr und motiviert die Achtsamkeit. Wenn dies nicht ausreichend gelingt, weil die negativen Erfahrungen der Vergangenheit in die Bewertung mit einfließen, entsteht ein Emotionsgefühl.

Wann immer es die Emotion quasi nicht schafft, den Menschen zu einer angemessenen Bewältigung zu veranlassen, wird das zugehörige Emotionsgefühl aktiviert, das sich immer unangenehm anfühlt. Es bringt den Menschen dadurch

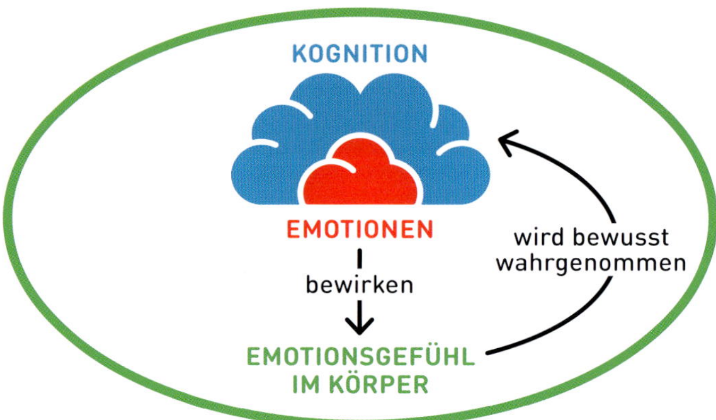

in einen Zustand, in dem er bewusst mit der Situation umgeht. Die Mehrdeutigkeit macht dabei die Unterscheidung zwischen Gefühlen und Emotionen schwierig.

Fünfte These: Emotionen erzeugen ein spezifisches Emotionsgefühl, um das Kognitionssystem zu aktivieren.

Die Angst will Sie achtsam machen, und wenn Sie das dazugehörige Emotionsgefühl wie das den Körper zusammenziehende Angstgefühl nicht haben wollen, dann wird es nur noch stärker. Das Emotionssystem erlebt die Ablehnung des Emotionsgefühls in etwa so, als würden Sie die Angst und die damit verbundene Achtsamkeit ignorieren und nicht haben wollen. Dies ist im archaischen Sinne lebensbedrohlich und die Emotion macht sich mit einem noch unangenehmeren Gefühl noch deutlicher bemerkbar. Emotionsgefühle fühlen sich unangenehm an und müssen sich unangenehm anfühlen. Das ist eine neurologische Notwendigkeit und keine metaphorische oder esoterische Beschreibung.

Die Freude macht eine Ausnahme, sie entsteht dann, wenn Emotionen dazu geführt haben, dass der Mensch eine Situation bewältigt. Das Emotionsgefühl, das aus der Freude entsteht, fühlt sich besonders dann intensiv und angenehm an, wenn ein bewusst intendiertes Ziel erreicht wurde.

Begegnen Sie den unangenehmen Emotionsgefühlen mit Wertschätzung und erkennen Sie die ausgelöste und unterbrochene archaische Bewegung, dann wird ein erster Ansatz zur Regulierung möglich.

Sechste These: Emotionsgefühle fühlen sich unangenehm an und müssen sich unangenehm anfühlen. Emotionsgefühle weghaben zu wollen, verstärkt sie und lässt sie unangenehmer werden.

Wenn Emotionen durch das unangenehme Gefühl längere Zeit wirken und keine Bewegung erreichen, werden Botenstoffe ausgeschüttet. Diese biochemischen Stoffe überschwemmen Ihren Körper und wirken danach mehrere Minuten. Ihre Emotionsregulierung sollte deshalb zügig stattfinden, damit dieser Effekt vermieden wird. Sind die Stoffe erstmal ausgeschüttet, brauchen Sie lange, bis sich der Körper wieder normalisiert. Emotionsregulierung muss früh beginnen und zügig abgeschlossen werden.

Siebte These: Emotionen sollten früh und zügig reguliert werden.

Auffällig ist, dass die Wirkung der Emotionen ohne unser bewusstes explizites Zutun geschieht. Auch wenn wir uns selbst Angst machen können, aktiviert sie uns vor einer gefährlichen Situation. Auch wenn wir uns in einen Ärger bewusst hineinbegeben können, aktiviert uns der Ärger, um kraftvoll intervenieren zu können. Auch wenn wir wissen, dass diese Aktivierungen nicht immer funktional sind, arbeitet das Emotionssystem autonom, automatisch und ohne unsere bewusste Steuerung.

Achte These: Emotionen arbeiten und wirken autonom.

Eine Orientierung an diesen wesentlichen Erkenntnissen der Emotionsforschung gibt einen guten Unterbau für die Entwicklung von Ritualen zur Emotionsregulierung. Auf dieser Basis wird es möglich, Macht über Emotionen zu gewinnen. Wie das am besten geht, erfahren Sie im golfact-Ritual „Regulierung von Emotionen“.

HINTERGRUND

Was haben unsere Emotionen, unsere Gefühle und Emotionsgefühle mit Golf zu tun und wie viel müssen Sie darüber wissen? Mit Golf hat es sehr viel zu tun. Zum einen können Professionals erfolgreiches Golf nur spielen, wenn Sie sich emotional in einem angemessenen Zustand befinden. Zum anderen lernen Amateure entsprechend einfacher, leichter und schneller und erhalten sich die Freude an diesem wunderbaren Sport, wenn sie ihre Emotionen regulieren können. Denken Sie an den Spieler, der nach mehreren Fehlversuchen immer noch mit verbissener Entschlossenheit das Grün aus 200 Meter Entfernung mit dem Holz aus dem Rough angreift. Hier wird offensichtlich, dass Emotionen etwas mit uns und mit unseren Entscheidungen machen. Erinnern Sie sich daran, wie ein Anflug von Angst Sie einen kurzen Putt verzittern lässt.

Alle Emotionen haben einen funktionalen und einen nicht-funktionalen Bereich. Die Angst macht uns achtsam, um Sicherheit herzustellen. Ein Zuwenig an Angst, der Leichtsinn, führt zum Tod. Beim leichtsinnigen Überqueren der Straße werden wir früher oder später überfahren; ein Zuviel an Angst führt zur Panik oder Starre. Die Starre hindert uns, die Straße zu überqueren, und die Panik führt früher oder später ebenfalls zum Tod. Ein funktionales Maß an Angst und damit aktivierter Achtsamkeit lässt uns die Straße sicher überqueren.

Ärger macht uns kraftvoll, um Einfluss zu nehmen. Ein angemessenes Maß an Ärger macht Sie kraftvoll für den nächsten, entschlossen ausgeführten Schlag. Ein Zuviel führt zu unkontrollierten Golfschlägen und ein Zuwenig lässt Sie antriebslos auf den Platz gehen.

Die Trauer will die Ablösung von dem, was vorbei ist, um frei zu sein für das Kommende. Ein Zuwenig hält uns in der Erinnerung fest. Der Ärger versucht oft uns zu befreien, was uns in einer Selbstabwertung zusätzlich schwächt. Ein Zuviel führt zum Selbstmitleid, das uns antriebslos werden und resignieren lässt.

So tun die Emotionen ihre Arbeit, ohne unser Zutun. Nur wenn sie in den dysfunktionalen Bereich kommen, ist ein Regulieren angeraten. Sie müssen die Motivation der Emotionen erkennen und schon haben Sie einen ersten Ansatz, wie Sie das erreichen können. Die Regulierung besteht in der Deaktivierung oder Aktivierung, um in den funktionalen Bereich zu kommen.

Neunte These: Emotionen haben einen funktionalen und einen dysfunktionalen Bereich.

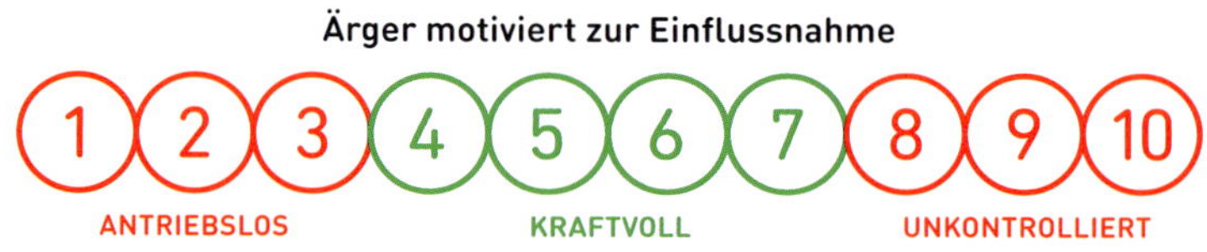

Dann kommt noch der Körper ins Spiel. Aus wissenschaftlicher Sicht ist es bemerkenswert, dass Bewegungshandlungen zeitlich einen viel früheren Ursprung haben als bisher gedacht. In einfachen Worten, Ihr emotionaler Zustand beeinflusst Ihre Bewegung. Bei Angst verkrampft sich Ihre Muskulatur und Sie werden damit selten ein gutes Schwungergebnis erzielen.

Emotionen bewegen uns und sie drücken sich nicht nur in einem Emotionsgefühl aus. „Der Körper ist die Bühne der Emotionen", stellte auch der Neurowissenschaftler Antonio Damasio fest. Man kann erkennen, ob jemand ängstlich oder ärgerlich ist. Das hat der Anthropologe und Psychologe Paul Ekman sogar in interkulturellen Untersuchungen nachgewiesen.

Die Zuordnung der Emotionsgefühle und des Körperausdrucks zu den auslösenden Emotionen bedarf Achtsamkeit und Erfahrung. Manchmal weinen Menschen vor Angst, aber sie tun dies auch aus Wut, Enttäuschung, Trauer oder Freude; zuweilen reicht auch Wind oder zu viel Sonne.

Dem einen Spitzenspieler auf der Tour sieht man nicht an, ob er gerade eine 66 oder 76 gespielt hat und ein anderer zeigt seine Emotionen offen und macht auch vor Schlägerwerfen nicht halt. Wir können im begrenzten Maße eine Emotion auch vortäuschen. Diese Mehrdeutigkeit erschwert die Annäherung an das Thema Emotionen und Gefühle. Das ist der primäre Grund für die verwirrende Darstellung und Diskussion über Emotionen.

Zehnte These: Emotionen drücken sich über den Körper aus.

Entscheidungen gehen immer einer Handlung voraus, egal ob sie dem Bewussten zugänglich sind oder nicht. Emotionen verändern die Entscheidungen. Mit Angst fällen wir andere Entscheidungen als mit Ärger. Emotionen wirken auf unsere Entscheidungen und direkt weiter auf unseren Körper, unsere Muskulatur und unsere Bewegung. Die Emotionen übernehmen in diesem Zusammenspiel eine zentrale Rolle im

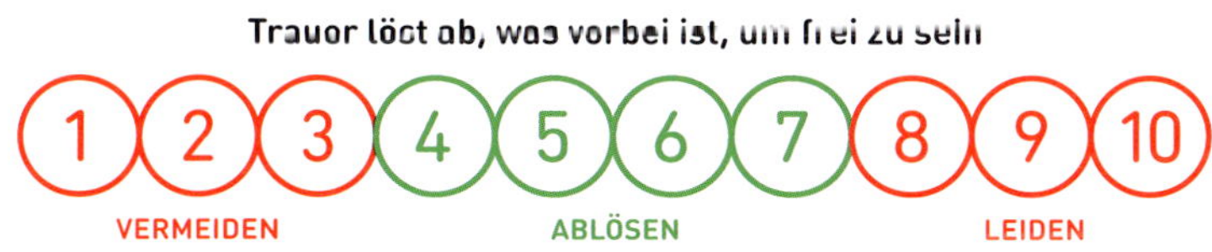

Golfspiel. Ein ängstlicher Putt wird meist zu kurz sein und ein mit Ärger gedroschenes Eisen 8 wird über das Ziel hinaus fliegen.

Warum schlägt ein Professional im entscheidenden Moment beim Masters einen einfachen Pitch ins Wasser? Warum versagt ein Golfspieler bei einem leichten Schlag, nur weil er Wasser vor sich hat? Es sind die Emotionen, die sowohl die Bewegungsabläufe als auch die Entscheidungen beeinflussen. So ist es nicht nur die „sich selbst erfüllende Prophezeiung", die den Ball ins Wasser befördert.

Elfte These: Emotionen beeinflussen unsere Entscheidungen.

Auch wenn es nicht immer funktional ist, verrichten die Emotionen ihre Arbeit ohne unser bewusstes Zutun. Die aktuellen Forschungsergebnisse der Neurowissenschaften belegen, dass nur ein Bruchteil unseres Gehirns dem Bewussten zugänglich ist. Wir fällen 20 000 Entscheidungen pro Tag. Das Bewusstsein verschlingt 80 Prozent der Energie im Gehirn. Bewusstsein ist ein aufwendiger Luxus, und das Gehirn nutzt deshalb das Emotionssystem, das immer arbeitet, und zwar schnell. Die neurologische Devise lautet: „Bloß nicht nachdenken, lieber die Kraft für Neues, eventuell Gefahrvolles aufsparen." So ist der Mensch gut beraten, seiner Intuition zu trauen, auch wenn sie zuweilen in die Irre führt.

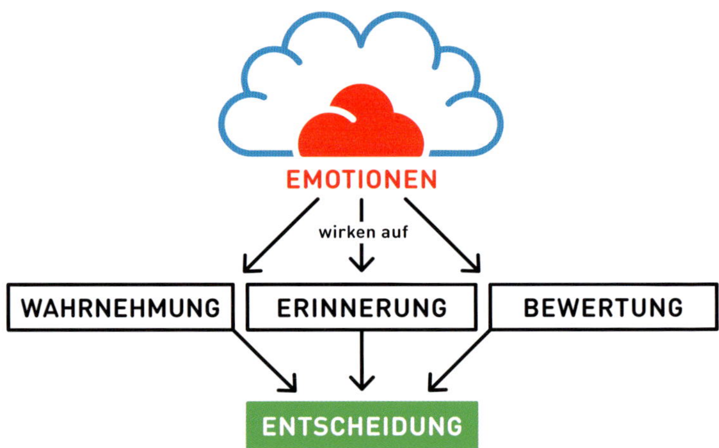

Emotionen wirken auf die Entscheidungsprozesse

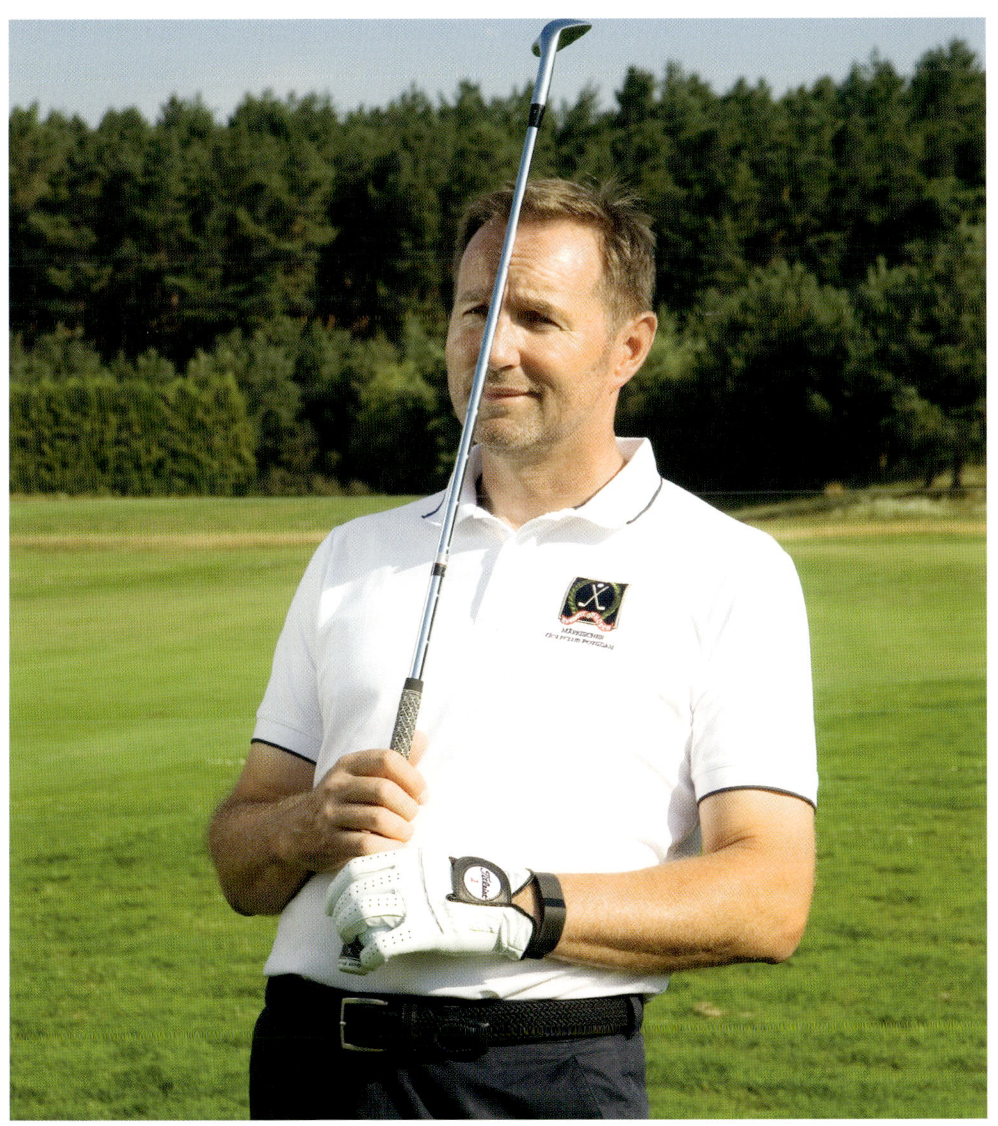

Mit der Trauer wird der misslungene Schlag verarbeitet

„Die Macht des Unbewussten ist gewaltig", sagt Gerhard Roth, Neurowissenschaftler an der Universität Bremen. Er schätzt, dass uns nur 0,1 Prozent dessen, was das Gehirn gerade tut, bewusst wird. Den Rest verarbeitet das Gehirn unbewusst. Wir sind die Letzten, die erfahren, was unser Gehirn vorhat und wie es uns beeinflusst.

Wenn Emotionen eine Situation nicht bewältigen, drücken sie sich durch ein unangenehmes Gefühl aus. Dies empfinden wir meist als sehr hinderlich, besonders dann, wenn die Emotionen ihre Arbeit unangemessen tun. Ein kleiner Weiher vor dem Grün ist nun wirklich nicht lebensbedrohend. Das einschränkende Gefühl der Angst hilft nicht sehr und die zusätzliche Verkrampfung der Muskulatur schränkt die Erfolgsaussichten auf einen guten Golfschlag erheblich ein. Man könnte sagen, unsere Emotionen wurden nicht für das Golfspiel geschaffen und doch wirken sie, ob wir das wollen oder nicht. Damit wäre nochmals bestätigt, welch hohe Relevanz Emotionen für Ihr Golfspiel haben, für die Freude und zusätzlich für den Erfolg. Ist es nicht eine versöhnliche Aussicht, dass Freude und Erfolg gleichzeitig einhergehen?

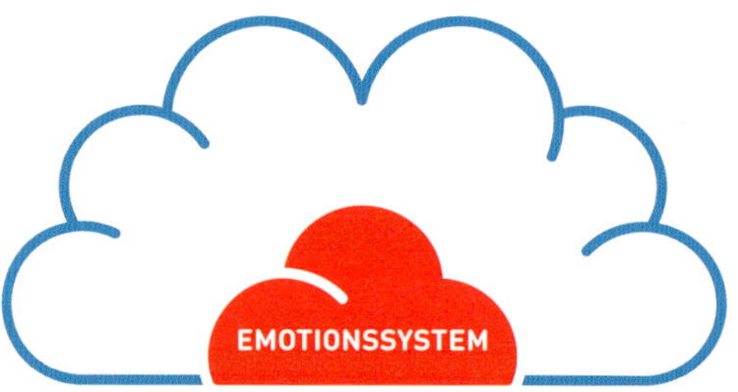

Das Emotionssystem ist dem Bewussten nicht zugänglich

Ihr Emotionssystem tut das alles, ohne dass Sie es wollen und auch ohne große Möglichkeit, es zu beeinflussen. Zum Glück wirkt dieser Mechanismus in anderen Lebenssituationen auch automatisch und gleichzeitig angemessen, oder müssen Sie Ihre Angst aktivieren, um über die Straße zu gehen? Nein, das geschieht automatisch. Müssen Sie Ihre Angst aktivieren, um achtsam vor dem Wasserhindernis zu werden? Nein, das passiert automatisch. Müssen Sie Ihre Trauer aktivieren, um einen misslungenen Schlag zu vergessen? Nein, auch das geschieht automatisch. Auch wenn der Ärger in der Enttäuschung dominiert, ist für ein Gelingen die Ablösung vom Vergangenen Voraussetzung, um wieder frei zu werden. Dies geschieht alles ohne unser bewusstes Zutun. Die Emotionen bewegen uns durch die Welt und durch die Situationen, die uns im Golfspiel begegnen.

Zwölfte These: Emotionen tun ihre Arbeit ohne unser bewusstes Zutun.

Wenn es den Emotionen nicht gelingt, eine Situation zu bewältigen, werden Sie uns bewusst. Sie aktivieren unser Bewusstsein, damit es uns bei der Bewältigung einer gegebenen Situation unterstützt. Dies muss nicht immer funktional sein. Ein Wasserhindernis ist keine lebensbedrohliche Situation, ebenso der Abschlag im Turnier auf Tee 1, auch wenn sich das manchmal so anfühlt. Die Emotionen sind mit unserem emotionalen Gedächtnissystem verbunden, und in dem sind archaische und zuweilen wenig funktionale Abbildungen gespeichert.

Damit Emotionen dem Bewussten zugänglich werden, fühlen sie sich überwiegend unangenehm an. Das müssen sie auch, damit wir uns bewegen. Wären sie angenehm, würden wir dies nicht tun. Menschen bewegen sich eher, wenn es sich unangenehm anfühlt. Sinkt am Abend auf der Golfterrasse die Temperatur, so fühlen wir das unangenehme Gefühl der Kälte auf der Haut und ziehen einen Pulli über. Ohne dieses unbehagliche Gefühl würden wir uns erkälten. Würden wir immer noch nicht darauf reagieren, würden wir früher oder später erfrieren.

Auch wenn es sich unangenehm anfühlt und wir beginnen, die Angst, den Ärger und all unsere Emotionen als eine wichtige Überlebensfunktion zu betrachten,

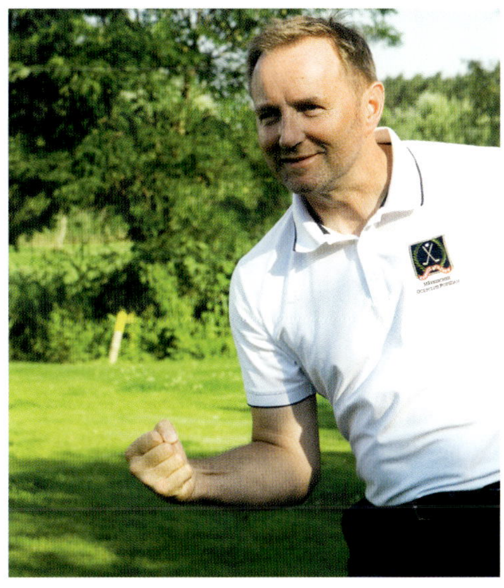

Der Körper ist die Bühne der Emotionen

können wir sie willkommen heißen und wertschätzen. Das ist der erste und wichtigste Ansatz, um sie zu regulieren. Das ist auch die oft zitierte Demut im Golf, etwas willkommen zu heißen, was sich wahrlich unangenehm anfühlt und zusätzlich einschränkend wirkt.

DIE KONSEQUENZ AUS DIESER THESE

Der erste Schritt zur Regulierung von Emotionen ist, das begleitende unangenehme Emotionsgefühl wertschätzend willkommen zu heißen. Dies aktiviert Ihr bewusstes Kognitionssystem, das anhand des Emoti-

THESEN ZU EMOTIONEN

1. Es gibt eine überschaubare Anzahl von Emotionen, die im Golf relevant sind.

2. Emotionen bewirken etwas, das für Leben bedeutend ist.

3. Gefühle sind bewusst.

4. Emotionen sind weder negativ noch positiv. Sie sind ein äußerst sinnvoller und wirkungsvoller Überlebensmechanismus.

5. Emotionen erzeugen ein spezifisches Emotionsgefühl, um das Kognitionssystem zu aktivieren.

6. Emotionsgefühle fühlen sich unangenehm an und müssen sich unangenehm anfühlen. Sie weghaben zu wollen, verstärkt sie und lässt sie unangenehmer werden.

7. Emotionen sollten früh und zügig reguliert werden.

8. Emotionen arbeiten und wirken autonom.

9. Emotionen haben einen funktionalen und einen dysfunktionalen Bereich.

10. Emotionen drücken sich über den Körper aus.

11. Emotionen beeinflussen unsere Entscheidungen.

12. Emotionen tun ihre Arbeit ohne unser bewusstes Zutun.

onsgefühls die Emotionen erkennen kann. Danach können wir uns konstruktiv um die unangenehmen Auswirkungen der Emotionen kümmern.

ZUSAMMENFASSUNG

Jede Emotion ist ein spezifischer Motivator für unser Leben. Die funktionale Motivation im Ärger macht uns kraftvoll für einen mit Entschiedenheit ausgeführten Golfschlag. Im Umgang mit Menschen grenzt uns der Ärger gegen andere ab und stellt unsere Integrität wieder her. Diese automatische, sich selbst regulierende Steuerung ist dem Bewussten nicht zugänglich.

Das Problem ist nicht die Emotion selbst, sie sichert unser Leben. Es ist auch nicht das unangenehme Gefühl, es macht uns aufmerksam und motiviert uns zu handeln. Das Problem sind die ausgelösten inneren Prozesse, die maßgeblich unseren Körper und unsere Bewegung beeinflussen. Emotionen ändern die Wahrnehmung, die Erinnerung und die Bewertung: drei Faktoren, die einen wesentlichen Anteil an unseren Entscheidungen haben. Denken Sie an Ihren letzten Streit, falls Sie eine Erinnerung daran haben. Bei aufkommendem Ärger nehmen Sie Ihr Umfeld nur noch eingeschränkt wahr und es stellt sich der Tunnelblick ein. Anschließend erinnern Sie sich an schreckliche Dinge, an die Sie sich ohne Ärger niemals erinnern würden. Am Ende wird die Mücke zum Elefanten und eine belanglose Situation wird plötzlich zur Kardinalsfrage.

Damit sind alle drei Bausteine der Entscheidungsfindung verzerrt und es ist kein Wunder, dass wir Entscheidungen fällen und Handlungen ausführen, die wenig funktional sind, wie zum Beispiel den dritten Versuch mit dem Holz aus dem tiefen Rough auf das 200 Meter entfernte Grün. Je nach Stärke der Emotion, insbesondere in den „roten" dysfunktionalen Bereichen, führt sie zu einer mehr oder minder starken Verzerrung unserer Entscheidungen und zu einer Veränderung unserer Muskulatur. Unser gesamter Zustand verändert sich, was die nachfolgenden Handlungen beeinflusst, manchmal einschränkt und irgendwann dominiert.

Danach kommt die Biochemie ins Spiel. Die Ausschüttung von Hormonen und Neurotransmittern überflutet unseren Körper und kann die Verzerrung über mehrere Minuten bis zu Stunden ausdehnen.

In diesem Zustand spielen wir nicht das Golf, zu dem wir fähig sind. Für ein erfolgreiches und kontrolliertes Golfspiel brauchen wir unseren emotionalen Zustand im funktionalen Bereich.

K-I-E KONZEPT® – WIE WIR ENTSCHEIDUNGEN TREFFEN

Wir verfügen über zwei unterschiedliche Entscheidungssysteme: das Kognitions- und das Emotionssystem. Beide arbeiten parallel, weitgehend autonom und kommen zu unterschiedlichen Zeitpunkten auf Basis unterschiedlicher Gedächtnissysteme zu unterschiedlichen Entscheidungen. Gleichzeitig interagieren die beiden Systeme miteinander, wodurch sie eher wie ein monolithisches System erscheinen. Im emotionalen Erfahrungsgedächtnis sind das handlungsorientierte und das Expertenwissen repräsentiert.

Vielleicht fragen Sie sich, was hat das mit Golf zu tun? Eine ganze Menge, wie ein erstes Beispiel zeigt. Die sensorische Wahrnehmung einer Situation auf dem Golfplatz mit Ihrem Auge sind nur visuelle Farbinformationen des Balls, des Grüns und der gesamten Situation. Man kann sich diese als Farbpunkte ohne Bedeutung vorstellen. Es könnten genauso weiße Farbpunkte der Ausgrenze, eines Autos, einer Blume oder eines Poloshirts der Dame vor Ihnen sein. Das Auge kann nicht mehr wahrnehmen.

Die visuelle sensorische Information wird mit weiteren sensorischen Informationen, wie den auditiven der Ohren, also Geräuschen, im Thalamus zusammengeführt. Der Thalamus doppelt die sensorische Wahrnehmung und leitet sie an beide Entscheidungssysteme weiter. Das evolutionär ältere Emotionssystem erhält weniger und grobere, das Kognitionssystem mehr und differenziertere sensorische Informationen. Beide Systeme verleihen dann parallel und weitgehend unabhängig voneinander der sensorischen Information eine Bedeutung, eine semantische Kennzeichnung. Da die Systeme unabhängig voneinander arbeiten, kann die Bedeutung, die einem Vorgang beigemessen wird, unterschiedlich ausfallen.

So wird erklärbar, warum wir in der Dämmerung vor einer Schlange wegspringen, um zeitlich später zu erkennen, dass es nur ein Zweig war, auf den wir getreten sind. Das ist keine Verwechselung, sondern es ist das Ergebnis der unterschiedlichen Verarbeitung im Emotions- und Kognitionssystem.

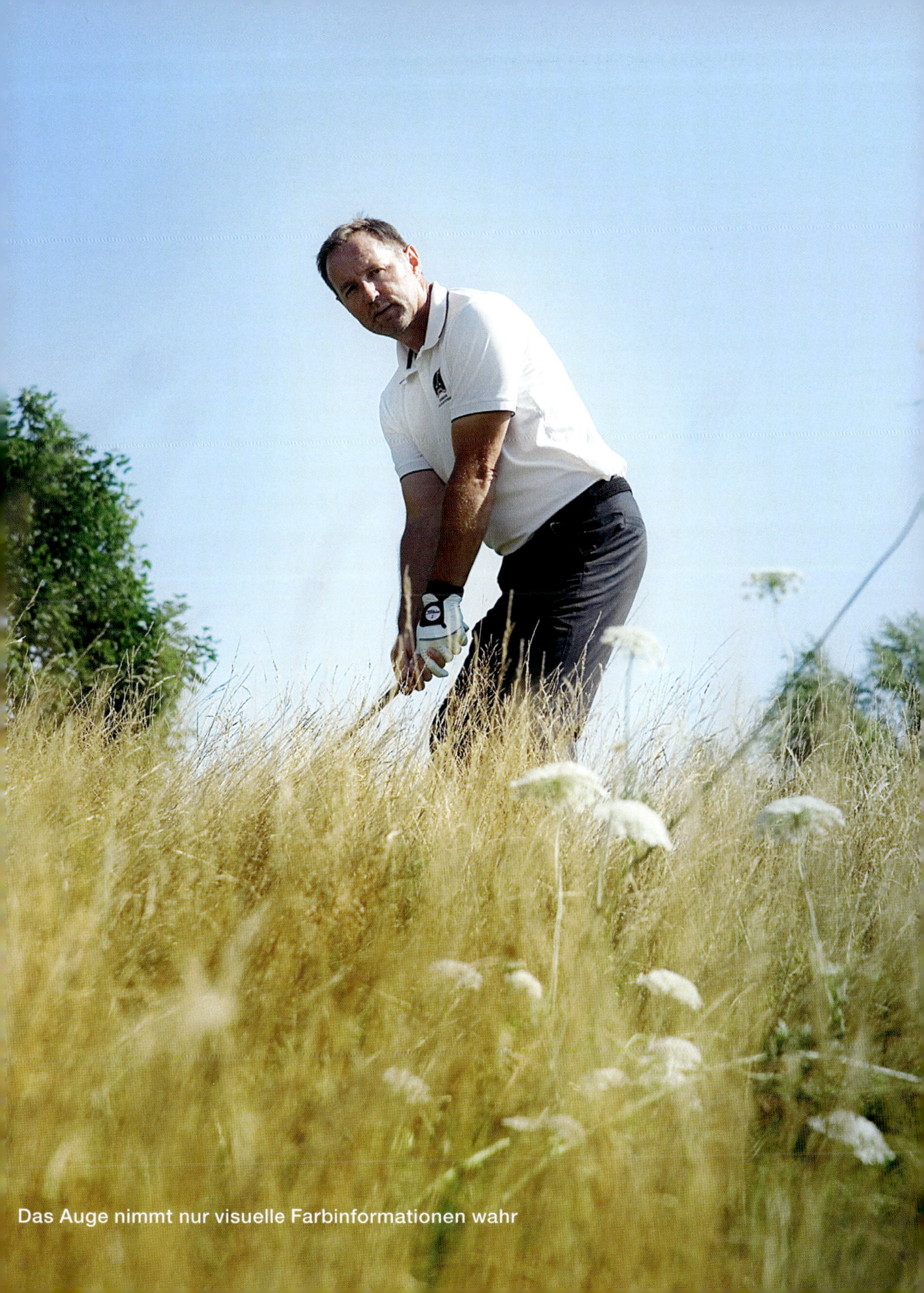

Das Auge nimmt nur visuelle Farbinformationen wahr

Wenn Sie unterhalb des Grüns stehen und das Grün nicht einsehen können, erscheint die Distanz zur Fahne kürzer als sie tatsächlich ist. Ein zu kurzer Chip oder Pitch ist meist das Ergebnis. Erfahrene Spieler wissen das und gehen in dieser Situation aufs Grün, um mit dem Kognitionssystem bewusst weitere Informationen zu sammeln und in ihre Schwungplanung einfließen zu lassen. Auch wenn Sie das überprüft haben, erscheint die Distanz immer noch kürzer, aber Sie können mit der zusätzlichen kognitiven Erkenntnis bewusst ein besseres Schlagergebnis planen. Ein ähnlicher Effekt stellt sich ein, wenn sich vor dem Grün ein Graben befindet. Hier hilft ein Entfernungsmesser oder die Entfernungsmarkierung, um die beiden Entscheidungssysteme zu synchronisieren.

Eine Sache können Sie hier bereits für Ihr Golfspiel und die golfact-Rituale ableiten. Ihr Emotionssystem ist dominanter als das Kognitionssystem. Auch wenn Sie wissen, dass die Distanz tatsächlich länger ist, erscheint sie kürzer. Bedeutend dabei ist: Ihre Bewegung orientiert sich stärker am Emotionssystem und Sie müssen sich förmlich mit dem Kognitionssystem zwingen, die Korrektur in Ihre Bewegung zu bringen.

Wirksame golfact-Rituale orientieren sich an dem zeitlichen Ablauf. Das Emotionssystem erkennt die Bedeutung der Objekte zeitlich früher und beeinflusst damit die kognitiven Prozesse. Der langsamere Wahrnehmungs- und Erkennungsprozess des Kognitionssystems wird in den frühen Phasen vom Emotionssystem beeinflusst. In den späteren Phasen kann der Kognitionsprozess den bereits erzeugten Handlungsimpuls aus dem Emotionssystem beeinflussen.

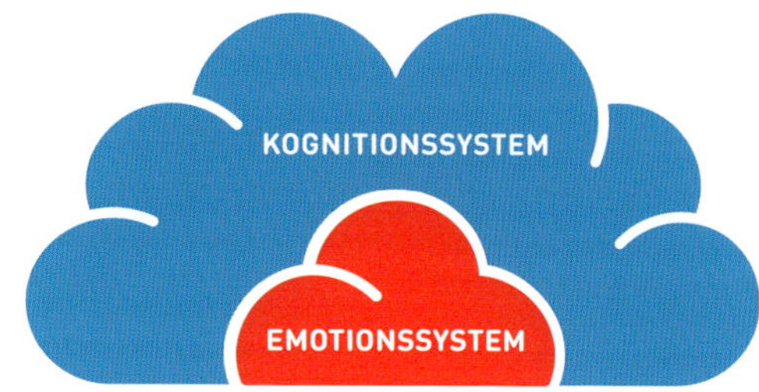

Der Mensch hat zwei Entscheidungssysteme

Weit dramatischer ist die Situation, wenn vor dem Wasserhindernis schlagartig die Angst durch den Körper schießt. Das Emotionssystem greift auf die Erfahrungen im emotionalen Erfahrungsgedächtnis zurück. Wenn in diesem reichlich Misserfolge repräsentiert sind, wird die Angst Sie in einen Zustand bringen, der wenig Chancen für einen erfolgreichen Schlag lässt. Das Dramatische daran ist, dass sich die

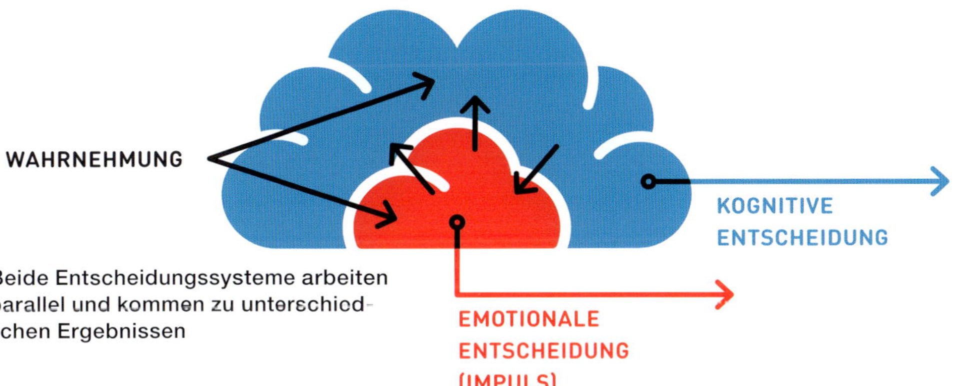

Beide Entscheidungssysteme arbeiten parallel und kommen zu unterschiedlichen Ergebnissen

Situation in Resonanz mit anderen angstbesetzten Erfahrungen aufschaukeln und verstärken kann. Obwohl es nur ein Wasserhindernis ist und bleibt, empfinden dann manche eine Angst, die mit der Spielsituation rein gar nichts mehr zu tun hat. Der missglückte Schlag ins Wasser sorgt dafür, dass der Spieler die angstbesetzte Erfahrung wiederholt und sich der Misserfolg noch tiefer in sein Emotionssystem einbrennt.

Diese Situation erleben Golfspieler häufig im Turnier am Tee 1. Die Erinnerung an frühere Misserfolge setzt leicht eine Dynamik in Gang, bei der mehrere Emotionen gleichzeitig ins Spiel kommen, etwa die Angst vor dem Versagen, der Ärger, der Ehrgeiz und die Scham. Sie verstärken die emotionale Disposition weiter, so dass ein gelungener Abschlag kaum mehr möglich wird. Das gefühlte „Sterben" kommt aus dem Emotionssystem, so würden wir bewusst willentlich nicht denken. Könnten wir frei denken, ohne Dominanz des Emotionssystems, würden wir etwas anderes und vor allem etwas Angenehmeres denken. Um dieser unangenehmen Situation aus dem Weg zu gehen, verzichten manche Spieler dann ganz auf Turniere.

Zum Glück macht das Emotionssystem keinen Unterschied zwischen einem misslungenen und einem gelungenen Golfschlag. Der gelungene Golfschlag wird – mit der positiven Erfahrung – genauso gespeichert. Auch hier lässt sich eine klare Orientierung für das mentale und vor allem emotionale Golftraining ableiten. Machen oder besser erleben Sie möglichst viele gelungene Golfschläge in unterschiedlichen Situationen. Damit bestätigt sich die einfache Weisheit, dass nichts erfolgreicher ist als der Erfolg selbst; und wir wissen jetzt, dass er sich über neurologische Prozesse verfestigt.

Das K-I-E Konzept® vereint die aktuellen Erkenntnisse aus der Neurowissenschaft, insbesondere über die Gehirnarchitektur, aus der Emotionsforschung, Psychologie, Philosophie, Kognitionswissenschaft und der Entscheidungstheorie.

Das Emotionssystem arbeitet schnell, mühelos, ist dem Bewussten nicht zugänglich, non-verbal und sein Wahrnehmungsfokus ist eher umfassend. Erfahrene Golfspieler wissen sofort intuitiv wie die Putt-Linie verlaufen wird, wenn sie das Grün betreten und den Ball sehen. Sie haben sofort eine Vorstellung, ohne das Grün ausgiebig zu lesen. Dieser Impuls, der uns zeigt, wie die Putt-Linie verläuft, ist das Ergebnis des Emotionssystems. Die Situation wird sensorisch durch die Augen erfasst, durch das Emotionssystem bedeutungsgebend verarbeitet und daraus erhält der Spieler die intuitive Putt-Linie. Unterschiedliche neurologische Messungen setzen dafür im Emotionssystem eine Verarbeitungszeit von ungefähr 300 Millisekunden an.

Auffällig ist, dass dieser Vorgang unaufgefordert aktiv wird und einen Handlungsimpuls liefert. Sie müssen sich nicht fragen oder Ihr Emotionssystem auffordern, die Putt-Linie zu berechnen. Es geschieht mühelos ohne Ihr Zutun, wenn Ihr emotionales Erfahrungsgedächtnis über ausreichende Informationen verfügt. Das unaufgefordert arbeitende Emotionssystem liefert einen Handlungsimpuls, der sich in „stimmig" beziehungsweise „nicht-stimmig" ausdrückt. Das daraus entstehende Gefühl ist das viel zitierte Bauchgefühl. Der Impuls als Ergebnis des Emotionssystems ist die Intuition. Wenn sie mit einem Gefühl einhergeht, wird es gerne als Bauchgefühl bezeichnet.

Wir greifen intuitiv zum Eisen 8, ohne dies bewusst entschieden zu haben. Das geht so weit, dass sich selbst erfahrene Golfspieler manchmal fragen, warum sie gerade dieses Eisen in der Hand haben. Ins K-I-E Konzept übersetzt bedeutet dies: Das Emotionssystem hat die Situation wahrgenommen, mit dem emotionalen Erfahrungsgedächtnis bewertet und die Hand nach dem Eisen 8 greifen lassen.

K-I-E Skala® – Wie zuversichtlich und entschieden sind Sie?

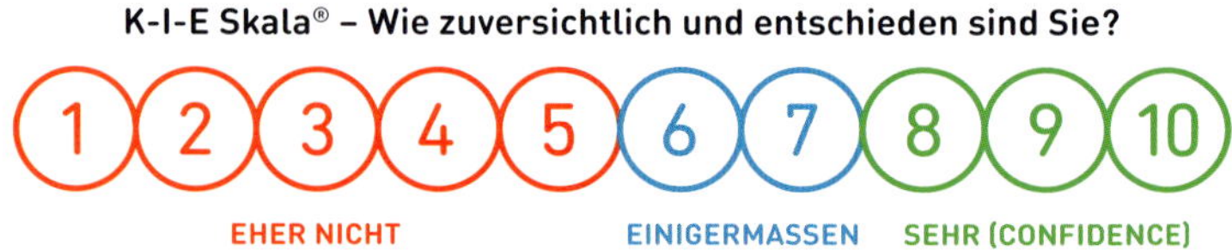

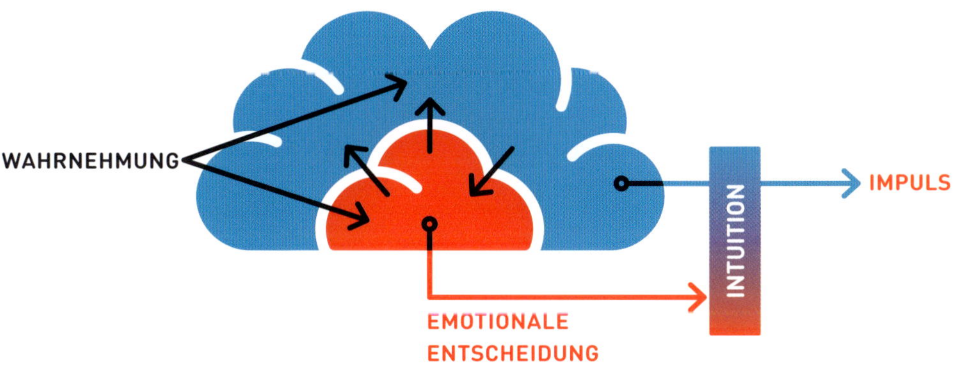

Die Intuition ist ein Impuls aus dem Erfahrungswissen

Die Intuition, gleichbedeutend mit dem Bauchgefühl, ist somit das Ergebnis des unbewussten Verarbeitungsprozesses im Emotionssystem. Das macht sich in einem Impuls bemerkbar. Damit wird deutlich, auch die Intuition zeigt sich schnell, mühelos, dem Bewussten nicht zugänglich und unaufgefordert.

Die Bedeutung der Intuition, der Abruf des Expertenwissens für Entscheidungen ist für den Golfsport unumstritten. Allerdings ist der einfache Impuls Go/No go aus der Intuition für viele Entscheidungen nicht differenziert genug. Die K-I-E Skala® ermöglicht die Differenzierung und ist das notwendige normierte Bewertungssystem für alle Entscheidungsprozesse. Sie führt zu einer schnellen Entscheidung und ermöglicht eine exakte Darstellung von Soll- und Ist-Beschreibungen. Mit einer quantitativen Leitfrage „Wie weit … ?“, „Wie viel … ?“, Wie stark … ?“ und so weiter kann die Intuition auf der K-I-E Skala abgebildet werden. Die Leitfrage aktiviert das Emotionssystem und mit etwas Achtsamkeit erkennen Sie die aufgeforderte Intuition (AI). Sie übersetzt den Impuls aus dem Emotionssystem in eine Bewertungszahl. In der Anwendung hat sie sich als sicher, trennscharf und leicht erlernbar erwiesen.

So wird die Intuition, das Expertenwissen, blitzschnell abgerufen und auf der K-I-E Skala abgebildet. Parallel können Sie damit jede kognitive und bewusst getroffene Entscheidung und Bewertung abbilden. Die fehlende Mitte forciert eine bewusste Entscheidung und verhindert ein Unentschieden, eine Nicht-Entscheidung, ein

Vermeiden oder Ausweichen. Gleichzeitig ermöglicht sie den Abruf des Erfahrungswissens, das handlungs-, lebens- und überlebensorientiert immer eine klare Entscheidung fordert. Die K-I-E Skala ist asymmetrisch wie das Leben und auch das Golfspiel, sie kann keinen linearen und symmetrischen Prozessen genügen. Sie bildet ab, was die Wissenschaft längst bestätigt hat: Wir vermeiden eher das Risiko als Chancen zu suchen.

Die Bedeutung der Skalenbereiche wird durch die Leitfrage zugeordnet. Die vorgegebene Bedeutung und die Flexibilität der beliebigen Zuordnung sind für die golfact-Rituale der entscheidende Erfolgsfaktor. Auch wenn jeder Golfer für einen Augenblick über eine Confidence von 10 verfügen kann, ist das individuelle Ziel grundsätzlich abhängig von der Spielstärke. Amateure erzielen ihre besten Ergebnisse mit einer Confidence von 8. Die Semi-Professionals und Mannschaftsspieler sind mit einer Confidence von 9 sehr gut bedient. Tour Professionals müssen für den Großteil ihrer Entscheidungen eine Confidence von 10 für ein erfolgreiches Spiel erreichen.

Auch wenn im K-I-E Konzept vieles bekannt und der Unterschied zum Herkömmlichen gering erscheinen mag, treten bei genauerer Betrachtung und bei der Ausführung der golfact-Rituale erstaunliche, nahezu revolutionäre Ergebnisse zu Tage. Das Konzept ändert, justiert, verfeinert und verbessert die herkömmlichen Trainingsmethoden und stellt sie zuweilen auf den Kopf. Unser Selbst- und Weltbild wird durch das K-I-E Konzept erschüttert, demontiert und wieder zu einem neuen, viel schlüssigeren und stimmigen Bild zusammengesetzt. Die golfact-Rituale basieren darauf. Sie sind an der Neuroarchitektur, dem Aufbau unseres Gehirns, und an der natürlichen Art und Weise, wie wir denken, entscheiden und handeln, ausgerichtet.

Das Zitat von Aristoteles, „Wir benutzen unseren Intellekt nur dafür, um unsere bereits getroffenen Entscheidungen im Nachhinein zu erklären", ist mit dem K-I-E

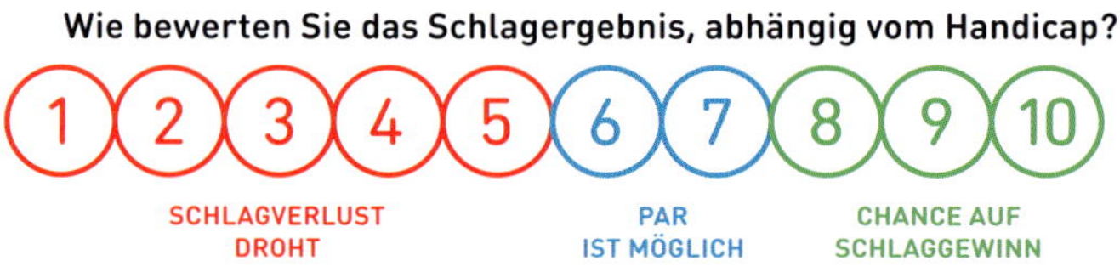

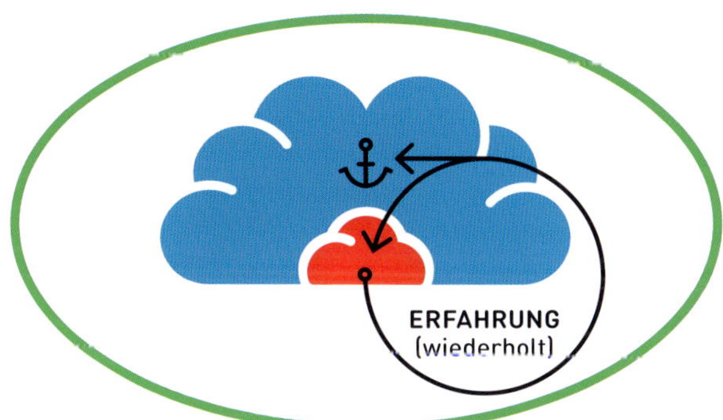

Das Emotionssystem lernt nur durch Erfahrung

Konzept neurologisch bewiesen. Es liefert auch eine Erklärung für die unermüdlichen und ermüdenden Erklärungen mancher Golfspieler. Lassen Sie sie mit Nachsicht und Verständnis vorbeiziehen. Der Widerstreit zwischen Vernunft und Bauchgefühl – „Zwei Seelen wohnen, ach! in meiner Brust" von Johann Wolfgang von Goethe – löst sich durch das K-I-E Konzept auf. Das eine ist das Kognitionssystem und das andere das Emotionssystem. Beide werden mit dem golfact-Ritual „Sicher entscheiden" in einem funktionalen Entscheidungsprozess zusammengeführt.

Das K-I-E Konzept zeigt, es sind Ihre Emotionen, die sowohl Ihre Bewegungsabläufe als auch Ihre Entscheidungen beeinflussen. So ist es nicht mehr die „sich selbst erfüllende Prophezeiung", die den Ball ins Wasser befördert. Das Emotionssystem fällt häufig eine andere Entscheidung als das bewusste Denken es getan hätte, das die Situation als unkritisch erkennen würde. Viele erleben jedoch, wie häufig das Emotionssystem gewinnt und die Emotion Angst Ihren Schwung beeinträchtigt und den Ball ins Wasser befördert oder übers Ziel fliegen lässt. Dieser Situation wird mit dem K-I-E Konzept die Magie und Mystik genommen und sie ist somit gestaltbar.

Die golfact-Rituale basieren auf dem K-I-E Konzept und sind deshalb so wirksam. Erfolg und Freude werden sich einstellen, sobald Sie beginnen, die golfact-Rituale einzuüben. Schon bald werden Sie das Golf spielen, zu dem Sie fähig sind.

RITUALE – DIE MACHT DER GEWOHNHEIT NUTZEN

Ein Ritual ist eine nach vorgegebenen Regeln ablaufende, formelle Handlung mit hohem Symbolgehalt. Sie wird von bestimmten Wortformeln und festgelegten Gesten begleitet. Eine Routine ist die in ein Ritual eingebundene „Macht der Gewohnheit", die eine Ausführung auf Basis eingeprägter Verhaltensweisen schneller und sicherer zustande kommen lässt als ein bewusstes Handeln. Eine Routine allein tendiert jedoch zur technischen Gewohnheit, der unser persönliches Engagement fehlt.

Dazu werden in den golfact-Ritualen die Abläufe fest definiert, durch Wiederholung weiter verfestigt und mit einem Anker verbunden, mit dem später ein bestimmter Zustand und der entsprechende Ablauf wieder abgerufen werden können.

Eugène Ionesco, der französische Dramatiker, brachte dies treffend auf den Punkt: „Wir glauben, Erfahrungen zu machen, aber die Erfahrungen machen uns." Das heißt, wenn wir häufiger die gleichen Erfahrungen machen, werden sie im Emotionssystem verankert. Je mehr sie neurologisch stabilisiert sind, desto stärker werden Sie handlungsleitend, unabhängig davon, ob dies gut und weniger gut für uns ist. Dieser Zyklus läuft im Wesentlichen ohne unser bewusstes Zutun ab und dominiert zuweilen unsere Handlungen und unser Leben. Diesen natürlichen Wirkmechanismus kann man bewusst nutzen und dadurch beginnen wir, unsere Bewegungen so zu entwerfen, wie wir es möchten.

WAS IST EIN ANKER?

Stellen Sie sich vor, Sie könnten die mentalen und emotionalen Zustände, in denen Sie Höchstleistungen vollbringen, willentlich „einschalten". Um punktgenau solche Zustände abzurufen, bedarf es eines Ankers. Ein Anker besteht somit aus dem Auslöser, dem mit ihm verbundenen Zustand und der dazugehörigen Bewegung.

Auslöser von Ankern können ein visueller (Bild), auditiver (Wort, Geräusch, Ton), olfaktorischer (Geruch), gustatorischer (Geschmack) oder kinästhetischer (körperlicher) Reiz sein, der verlässlich

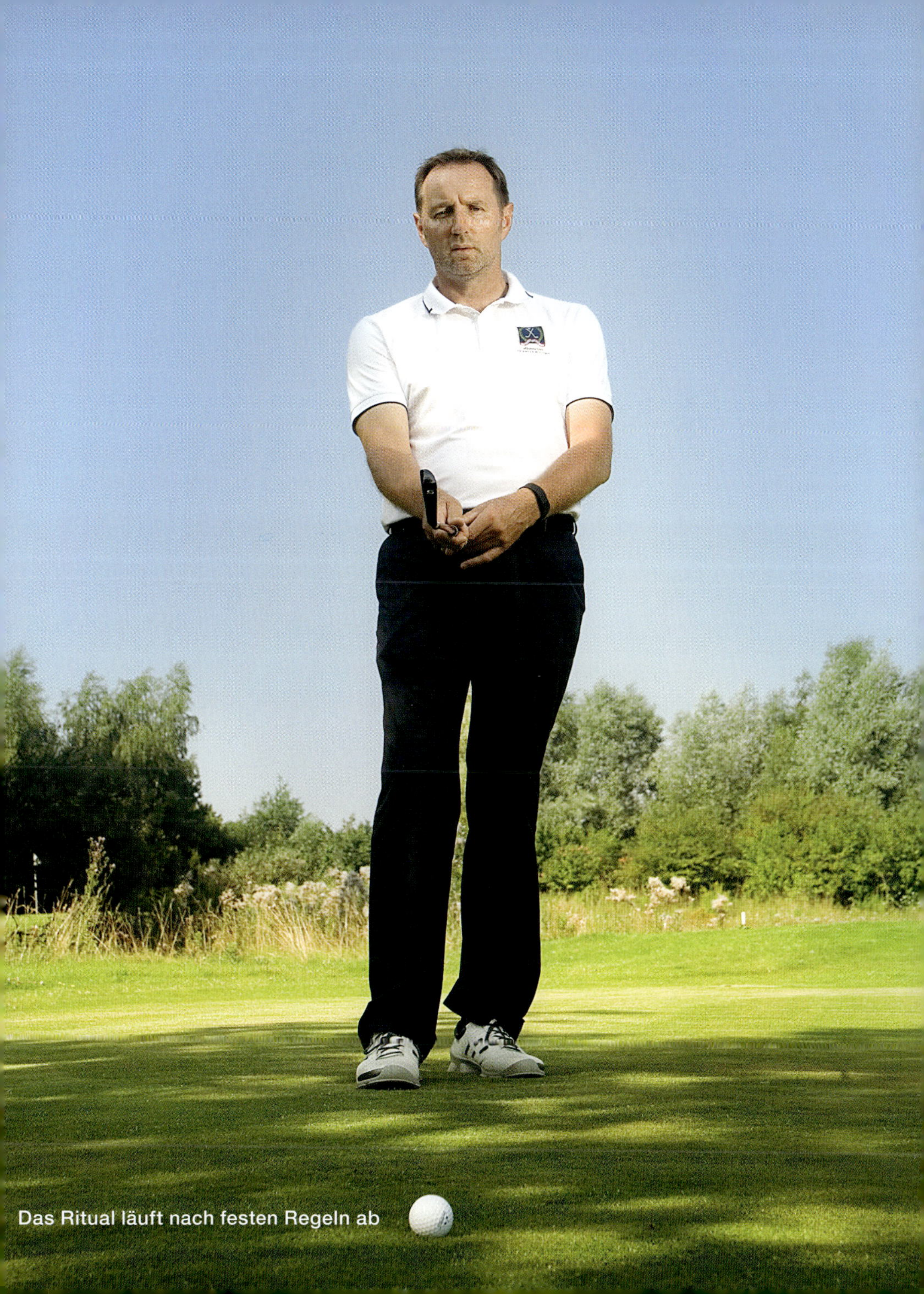

Das Ritual läuft nach festen Regeln ab

bestimmte Reaktionsmuster (Emotionen) auslöst. Anker sind eine Weiterentwicklung der klassischen Konditionierung nach dem Mediziner Ivan Pawlow. Viele kennen den Nobelpreisträger vom Experiment mit dem Pawlowschen Hund.

Anker sind überall vorhanden. So löst der Mercedes-Stern Qualität und das Martinshorn Achtsamkeit aus. Bei manchen Golfern lösen Zuschauer am Tee 1 Nervosität aus; wenn der Ball ins Loch fällt, wird ein positiv assoziierter Zustand hervorgerufen. Anker bewirken sowohl neutrale als auch einschränkende oder unterstützende Zustände.

Einen Anker erzeugt man in zwei Schritten. Zuerst versetzt man sich in den gewünschten Zustand und verbindet diesen mit einem unverkennbaren Reiz. So wird eine neurologische Verknüpfung

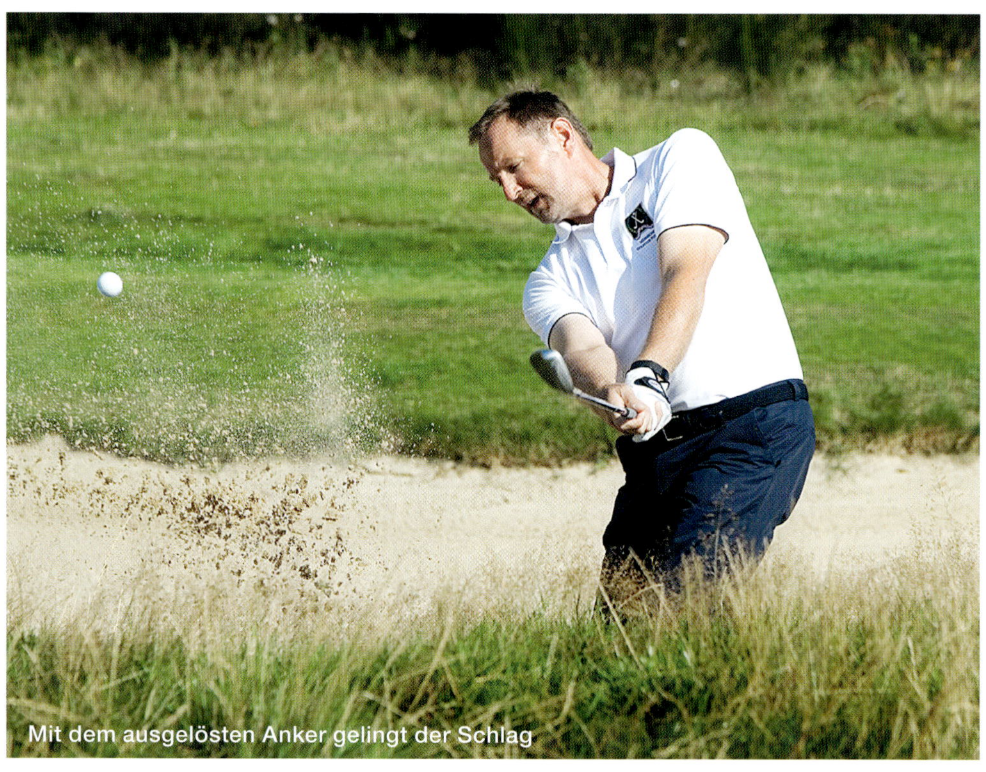

Mit dem ausgelösten Anker gelingt der Schlag

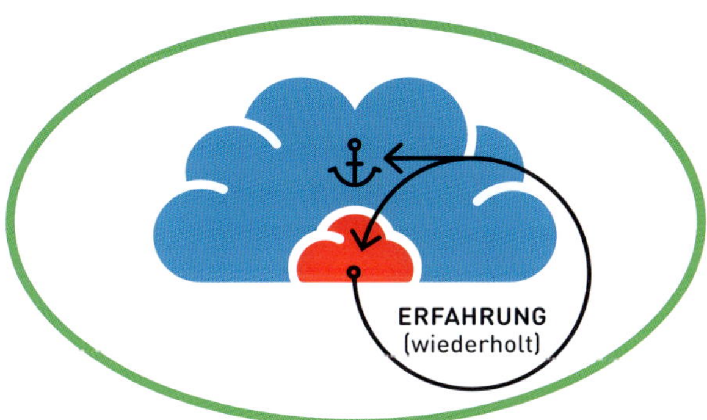

zwischen Zustand und Reiz hergestellt. Nach einigen Wiederholungen wird der Reiz alleine den inneren Zustand auslösen. Um Selbstvertrauen zu ankern, erinnern Sie eine Situation, in der Sie mit Selbstvertrauen erfüllt waren. Durchleben Sie in Ihrer Vorstellung diese Situation voll und intensiv. Wenn Sie dieses Selbstvertrauen maximal erleben und im ganzen Körper spüren, dann setzen Sie einen Reiz, ein Wort, das Sie sich innerlich vorsprechen. Nach einigen Wiederholungen wird das Wort wie durch Knopfdruck dieses Gefühl des Selbstvertrauens wieder auslösen.

Diese Form, einen Anker zu installieren, wird bevorzugt im Personal Coaching verwendet und führt bei sauberer Durchführung zum Erfolg. Bei Selbstanwendung können Anker durch häufige Wiederholung des Auslösers und anschließendem Aufbau des erwünschten Zustands installiert werden. Für die golfact-Rituale werden als Ankertechnik die Wiederholung und als Auslöser auditive Anker, Wortformeln, verwendet. Die Anker und der zugehörige Zustand verfestigen sich erst durch wiederholtes Üben und erfolgreiche Anwendung der Rituale.

Die Rituale helfen Ihnen, das, was Sie sowie tun, bewusst und strukturiert auszuführen. Die Sicherheit entsteht, weil Sie immer wissen, was als nächstes zu tun ist. Je häufiger Sie die Rituale anwenden, desto sicherer und souveräner werden Sie. Dadurch stellt sich irgendwann eine Routine ein, die Ihnen erspart, über die Abläufe nachzudenken. Sie werden nur noch in Krisen und Ausnahmefällen die Rituale bewusst anwenden.

Genau das ist es, was Golfspieler in diesen Situationen suchen, einen sicher und überlegt ausgeführten Golfschwung.

RELAX-RITUAL – MENTALE KRAFT FÜR 18 LÖCHER

Eine zügige Golfrunde dauert etwa vier Stunden, die sich im Turnier auf fünf bis sechs Stunden ausdehnen kann. Haben Sie sich schon einmal gefragt, wie viel Zeit Sie dabei tatsächlich Golf spielen? Nehmen wir an, Golfspielen beginnt mit der Schlagvorbereitung am Ball und endet, wenn der Schlag ausgeführt ist. Die Dauer hängt stark von der Pre- und Post-Shot-Routine und dem Handicap ab, jedoch sind es selten mehr als 30 Sekunden. Der eigentliche Golfschlag dauert nur zwei Sekunden. Die effektive Spielzeit einer Runde beträgt also nur zirka 45 Minuten, das heißt, Golfer sind gut drei bis vier Stunden damit beschäftigt, etwas anderes zu tun als Golf zu spielen.

Im Vergleich zu anderen Sportarten wie Squash mit 65 Prozent oder Tennis mit 25 Prozent ist die effektive Spielzeit im Golf mit 14 Prozent recht gering. Da drängt sich die Frage auf, was tun Golfer in dieser Zeit dazwischen? Nutzen sie die Zeit sinnvoll oder belasten sie sich und ihr Spiel? Machen sie sich Gedanken über den letzten Schlag oder denken sie schon an den nächsten? Ob sie wollen oder nicht, die Gedanken aktivieren das Emotionssystem, das darauf in irgendeiner Form reagiert. So werden Tür und Tor für den Teufelskreis belastender Emotionen geöffnet.

Profis nutzen die Zeit dazwischen, um das Emotionssystem zur Ruhe zu bringen und aufzutanken, damit die Energie für eine erfolgreiche Runde ausreicht.

Dabei variiert die Zeit zwischen den Schlägen sehr stark, je nachdem, wo sich der Spieler gerade auf dem Platz befindet. Nach einem verschobenen kurzen Putt ist man bereits nach wenigen Sekunden wieder an der Reihe. Der Weg zum Ball nach dem Abschlag oder die Suche im Rough nach einem verzogenen Drive hingegen

RELAX | ZEIT ZWISCHEN DEN GOLFSCHLÄGEN | GOLFSCHLAG | DAZWISCHEN

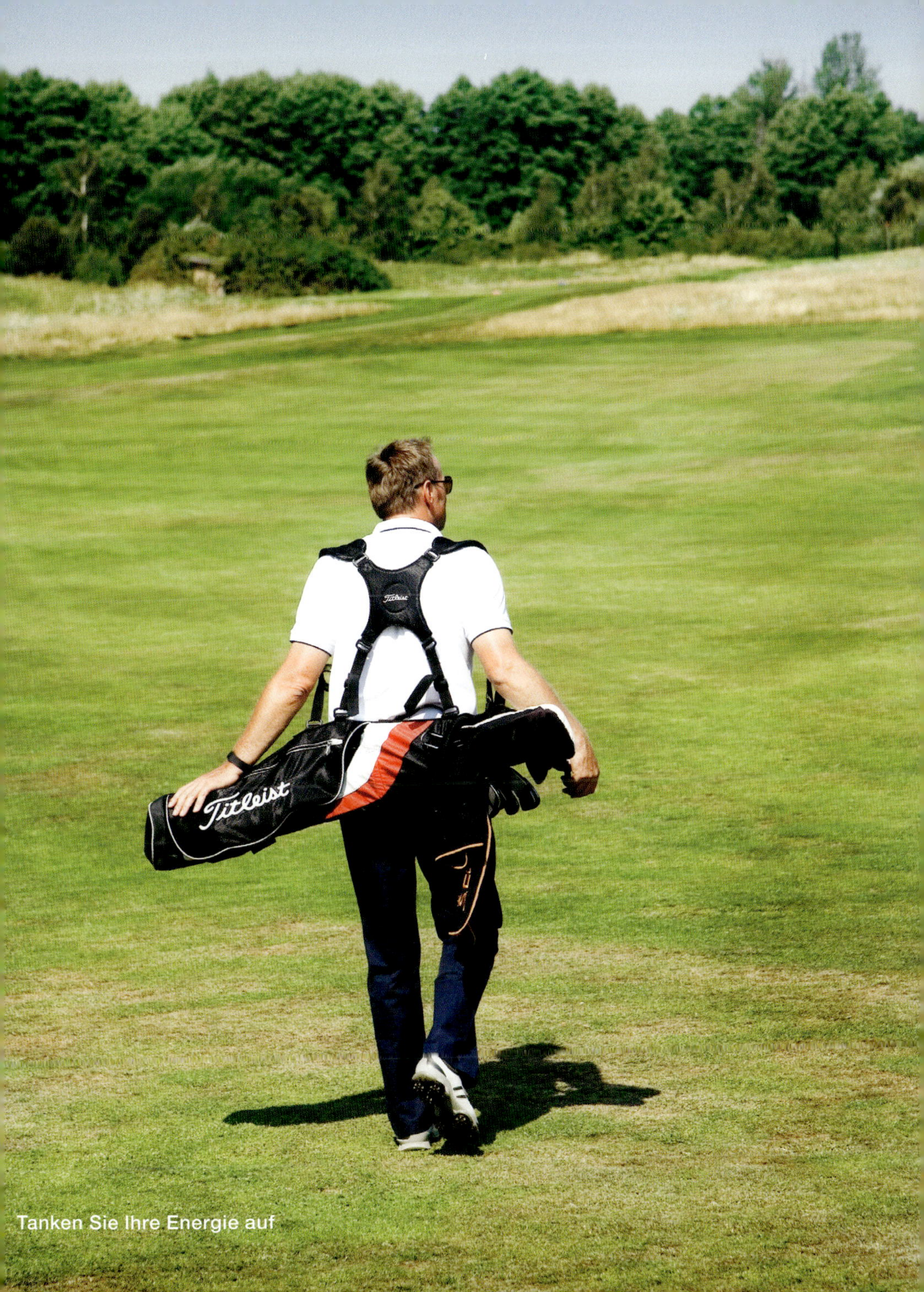

Tanken Sie Ihre Energie auf

dauern einige Minuten. Die „Zeit dazwischen“ stellt eine besondere Herausforderung an den Golfsportler. Ein Relax-Ritual muss entsprechend flexibel sein und sich diesen Zeitfenstern anpassen.

Für die relativ wenigen Schläge auf einer Runde müssen die volle Aufmerksamkeit und die geballte mentale Energie zur Verfügung stehen. Das Gehirn hat eine mentale Aufmerksamkeitsspanne von rund 45 Minuten. Danach braucht es Erholungsphasen, wie wir sie aus der Schule oder Universität kennen. Die Ermüdung und Erschöpfung bei längeren Vorträgen oder Lerneinheiten kennt jeder. Neueste Forschungen zeigen, dass sich das Gehirn bei Überforderung selbst reguliert und die Denkleistung mittels Botenstoffen reduziert. Die mentale und emotionale Energie kann kaum jemand gleichmäßig über vier oder fünf Stunden aufrecht erhalten. Der Golfspieler braucht Regenerationsphasen. Für ein erfolgreiches Spiel muss er lernen, zwischen den Golfschlägen mit seinen Gefühlen und Emotionen, die von Freude und Euphorie über Verärgerung und Enttäuschung bis hin zu Wutausbrüchen und Versagensängsten reichen können, umzugehen. Das kostet wertvolle mentale Energie. Wenn Sie an das Vergangene, einen misslungenen Schlag, oder an das Bevorstehende, einen nächsten schwierigen Schlag, denken, verbrauchen Sie mentale Kraft, die Ihnen für den nächsten Schlag fehlen wird. Denn ist die Batterie erschöpft, führt dies zu fehlender Achtsamkeit und die Tendenz für zukünftige misslungene Schläge steigt.

Das Emotionssystem wird durch das Relax-Ritual beruhigt. Beginnen Sie es mit

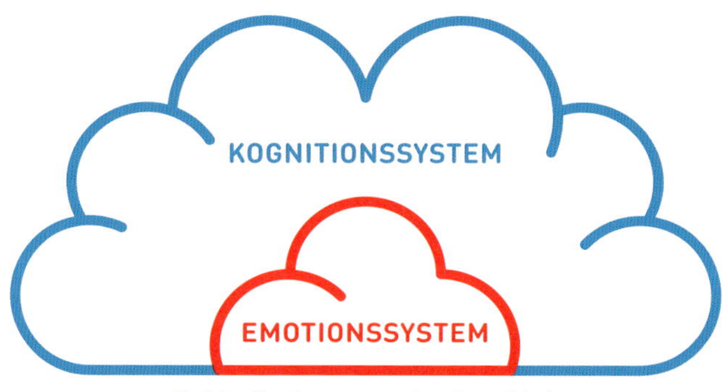

Beide Systeme werden beruhigt

dem Beginn-Anker „Relax". Der auditive (aufs Gehör bezogene) Auslöser und die unterstützende Vibration des Schlägers beim Zurückstecken ins Bag ankern als Körpersignal einen klaren Beginn. Dies wird mit der Zeit Ihr ganz eigener Relax-Anker, der bei regelmäßiger Verwendung später automatisch den Relax-Zustand auslösen wird. Der Auslöser kann oder muss gegebenenfalls individuell angepasst werden, zum Beispiel bei Playing Professionals, für die der Caddie die Schläger ins Bag steckt. Das gerne empfohlene Ausziehen des Handschuhs empfehlen wir nicht, da dieser nicht immer getragen wird.

Ein Anker sollte immer exakt in der gleichen Art und Weise ausgeführt werden. Fühlen Sie sich völlig frei, den Anker Ihrer Wahl zu verwenden.

VERSETZEN SIE SICH INS HIER & JETZT

Nach dem inneren Aussprechen des Relax-Ankers wird der entspannte Zustand in fünf Schritten aufgebaut, indem alle Sinneskanäle im Hier & Jetzt aktiviert werden. Drehen Sie Ihre Augen nach oben (visuell), um sich zu dissoziieren. Die Bewegung der Augen nach oben machen Sie so lange, bis Sie den Widerstand merken, dann nehmen Sie die Drehung etwas zurück, bis die Augen nur noch entspannt leicht nach oben schauen. Das wird Sie von Ihren Gefühlen distanzieren und Ihnen ein Gefühl der Erleichterung geben. Ihr Fokus bewegt sich vom Emotionssystem ins Kognitionssystem. Viele Menschen machen diese Bewegung automatisch, unwillkürlich. Wenn Sie sich bewegen, machen Sie es bei geöffneten Augen. Wenn es die Situation erlaubt, machen Sie die Bewegung mit geschlossenen Augen, was den Effekt leicht verstärkt.

Bewusstes forciertes Atmen bringt Sie in Kontakt mit Ihrem Körper. Atmen Sie mehrmals forciert ein und anschließend aus. Verwenden Sie dabei bewusst die Bauchatmung. Dies zieht Ihre Aufmerksamkeit zum Körper, ins Hier & Jetzt, weg vom vorher Geschehenen. Das Emotionssystem wird gezielt mit einem angenehmen körperlichen Reiz versorgt.

Bewusstes Riechen (olfaktorisch) liefert über einen direkten neurologischen Weg einen Reiz ins Emotionssystem. Riechen Sie einfach das, was Sie gerade im Moment umgibt und benennen Sie es mit einem einfachen Wort wie grasig, modrig, frisch, staubig. Dies unterstützt den Prozess hin zur Achtsamkeit ins Hier & Jetzt und weg von Gedanken an die Vergangenheit oder Zukunft. Machen Sie sich keine Gedanken, was es ist, das Emotionssystem

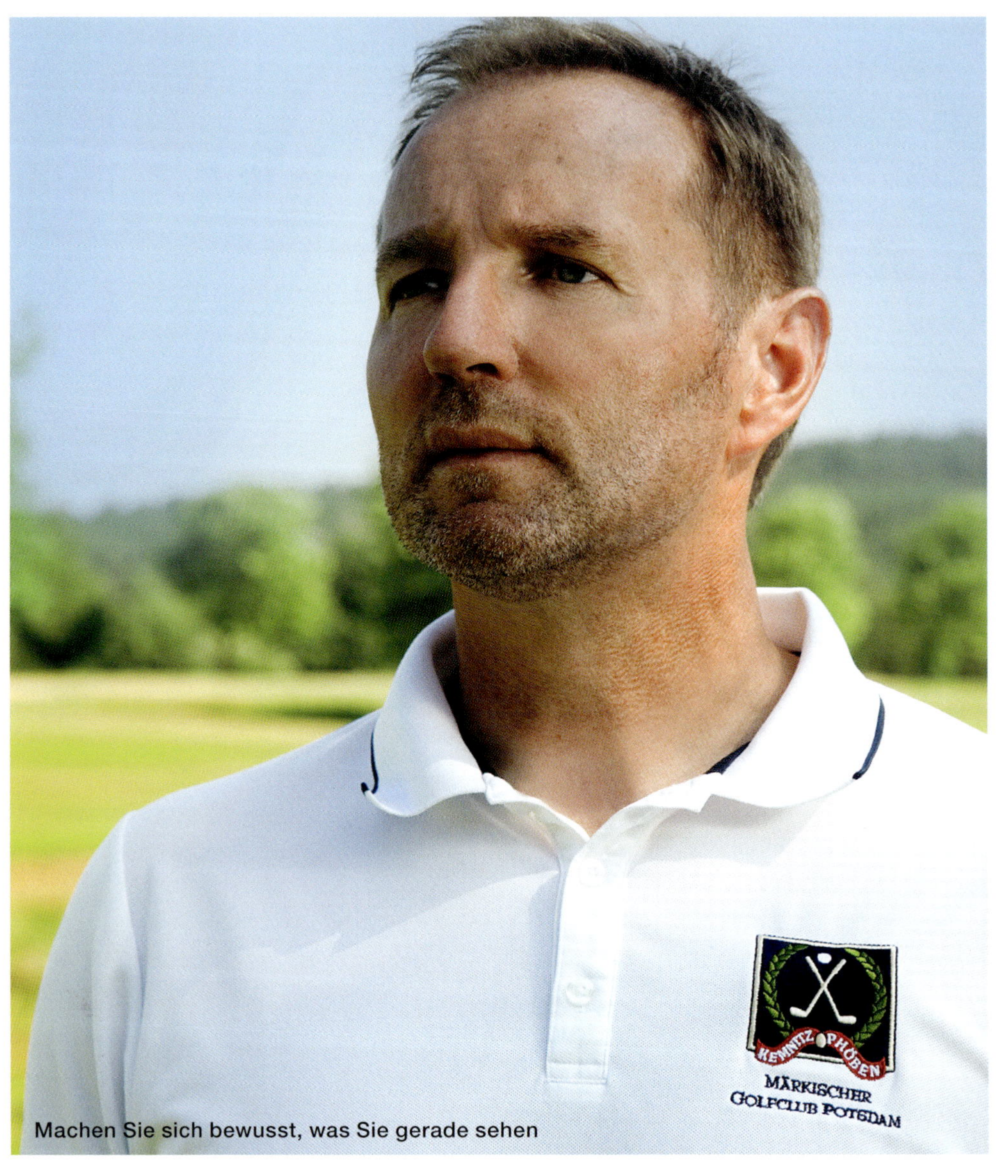

Machen Sie sich bewusst, was Sie gerade sehen

hat die Gerüche längst wahrgenommen.

Geben Sie Ihrem Emotionssystem über die Festigkeit des Bodens ein Signal. Erspüren Sie bewusst den Boden mit Ihren Füßen. Greifen Sie, während Sie gehen, mit den Zehen im Schuh nach dem Boden. Benennen Sie die Beschaffenheit des Bodens mit einem möglichst einfachen Adjektiv wie hart, steinig, weich, federnd. Das Spüren des Bodens ist leicht und funktional in den normalen Ablauf des Golfspiels zu integrieren. Das Emotionssystem verarbeitet den Impuls, und die Erinnerung an Vergangenes schwindet.

Die bewusste Betrachtung und anschließende Benennung versetzen Sie in eine entspannte Aufmerksamkeit. Machen Sie sich bewusst, was Sie gerade sehen und benennen Sie dies innerlich mit einem einfachen Wort wie Bag, Strauch, Baum, Himmel. So versorgen Sie Ihr Emotionssystem bewusst mit Reizen, die nicht belasten.

NUTZEN SIE DIE ZEIT ZWISCHEN DEN SCHLÄGEN

Dies führt zum einen wieder zu angemessenen Entscheidungen und zum anderen lassen die Impulse aus dem Emotionssystem nach, die das Kognitionssystem belasten und zu vielfältigen inneren Prozessen führen. Das Kognitionssystem hört auf, belastende Erinnerungen und Vorstellungen im Emotionssystem auszulösen.

Wer den Umgang mit seiner mentalen Energie geübt hat, kann mentale Einbrüche regulieren und bleibt in seinem Leistungskorridor. Ziel ist es, die Zeit zwischen den Schlägen dafür zu nutzen, sich zu schonen oder noch besser, die Batterie wieder aufzuladen. Nur im Hier & Jetzt ist Entspannung möglich. Walter Hagen, elffacher Major-Gewinner, umschrieb dies einmal mit folgender Metapher: „Hören Sie nie auf, an den Blumen entlang des Weges zu riechen.“ Dies ist keine Aufforderung, Blumenliebhaber zu werden. Nein, wenn Sie an einer Blume riechen, sind Sie im Hier & Jetzt und weder in der Vergangenheit noch in der Zukunft. Zusätzlich führt das Riechen über einen direkten neurologischen Weg ins Emotionssystem.

GOLFSPIELER LEBEN LÄNGER

Die gesundheitsfördernde Wirkung des Golfsports ist durch mehrere internationale Studien belegt. Das schwedische Karolinska-Institut, das jährlich den Nobelpreisträger für Physiologie und Medizin bestimmt, fand in einer Untersuchung mit 300 000 schwedischen Golfspielern heraus, dass Menschen, die regelmäßig Golf spielen, bis zu fünf Jahre länger leben. Eine Runde Golf

RELAX-RITUAL – MENTALE KRAFT FÜR 18 LÖCHER

Das Relax-Ritual beginnt mit dem Abschluss jedes Golfschlags und wird in folgenden Schritten aufgebaut:

1 Entscheiden Sie sich bewusst für das Ende des Golfschlags
Das ist üblicherweise der Zeitpunkt, an dem der Ball zur Ruhe gekommen ist.

2 Stecken Sie den Schläger in Ihr Bag und sprechen Sie innerlich den Beginn-Anker „Relax"

3 Bauen Sie den Relax-Zustand auf
Nach dem inneren Aussprechen des Relax-Ankers wird der entspannte Zustand in mehreren Schritten aufgebaut, indem Ihre Sinneskanäle im Hier & Jetzt bewusst aktiviert werden:

3a Drehen Sie Ihre Augen nach oben
Bewegen Sie Ihre Augen entspannt nach oben und spüren Sie, wie Sie sich von Ihren eigenen Gefühlen distanzieren.

3b Atmen Sie bewusst
Atmen Sie mehrmals forciert mit der Bauchatmung ein und aus.

3c Riechen Sie bewusst
Riechen Sie, was Sie gerade im Moment umgibt und benennen Sie dies mit einem einfachen Wort.

3d Spüren Sie bewusst den Boden mit Ihren Füßen
Erspüren Sie den Boden mit Ihren Füßen während Sie gehen und benennen Sie die Erfahrung.

3e Versetzen Sie sich in eine entspannte Aufmerksamkeit
Machen Sie sich bewusst, was Sie gerade sehen und benennen Sie dies mit einem einfachen Wort.

4 Beenden Sie das Relax-Ritual mit einem Ende-Anker
Das Ende der Relax-Phase erleichtert den Übergang in Ihr Pre- und Post-Shot-Ritual für den nächsten Golfschlag.

bedeutet, vier oder fünf Stunden draußen zu sein und mit schnellem Schritt sechs bis zehn Kilometer zurückzulegen. Es werden 400 von 650 Muskeln beim Golfen beansprucht, und Golf kann bis ins hohe Alter gespielt werden. Die sozialen und körperlichen Aspekte unterstützen die Gesundheit und erhöhen die Langlebigkeit des Gehirns. Die schwedische Studie betonte, die Gruppe mit der niedrigsten Sterberate ist die Gruppe mit dem niedrigsten Handicap. Das Streben nach dem Handicap, zu dem Sie fähig sind, bekommt damit eine besondere Bedeutung.

Studien, insbesondere aus den USA, aus Deutschland, Dänemark und Japan zeigen, dass Stress diesen Prozess wieder umkehrt und die Gesundheit und das Gehirn negativ beeinflussen. Golf ist letztendlich ein gutes Gehirntraining und Stress würde die positive Wirkung zerstören. Die schwedische Studie zeigt auch, wie das Wachstum neuer Gehirnzellen stimuliert wird, insbesondere jene, die für die emotionale und kognitive Kontrolle verantwortlich sind. Dies erklärt die große und weitreichende Bedeutung der golfact-Rituale und ihre Wirkung für unser gesamtes Wohlbefinden.

WIRKUNG

Mit dieser Basisausstattung erzeugen Sie einen guten Relax-Zustand. Sie können mit Mimik, Gestik, Körperbewusstsein und Körperpose den Relax-Zustand weiter verfeinern, verstärken und ganz individuell für sich anpassen. Am Anfang wird Ihnen das womöglich noch ungewohnt vorkommen. Mit der Zeit wird es sich einschleifen und dann ganz von selbst funktionieren. Die Fähigkeit, die mentale Kraft über 18 Löcher aufrechtzuerhalten, entwickelt und festigt sich durch ständiges Wiederholen.

Durch das Relax-Ritual werden Sie mehr Freude an Ihrem Spiel haben. Während der Runde bleiben Sie entspannt und organisieren selbst den Wechsel zwischen gewünschter Entspannung und Achtsamkeit sowie notwendiger Anspannung beim Golfschlag. Sie erreichen das Ende der Runde in einem achtsamen Zustand, unabhängig davon, wie Sie gespielt haben. Die gelungenen Schläge werden sich dadurch häufen und führen zu einem guten Score. So spielen Sie das Golf, zu dem Sie fähig sind.

RITUAL SCHLAG-ENDE – DIE AKZEPTANZ FINDEN

Sich von Belastungen frei zu machen und jeden Schlag „wie neu" und unverbraucht zu spielen – das ist ein Ziel aller Golfspieler. Die Spieler an der Spitze können das besser als Amateure. Dieses Ritual zeigt Ihnen, wie man in diesen Zustand kommt.

Viele setzen am verkehrten Ende an und glauben, es genüge, sich vor Beginn eines Schlags herunterzukühlen. Genau das Gegenteil ist der Fall. Der richtige Zeitpunkt ist das Ende des vorherigen Schlags. Bereits hier sollten Sie beginnen, Belastungen loszulassen, damit Sie zwischen den Schlägen entspannen können. So können Sie am Anfang des nächsten Schlags wieder in die Achtsamkeit zurückkehren. Mit dem Relax-Ritual haben Sie schon gelernt, wie Sie die Zeit zwischen den Schlägen zum Auftanken nutzen können. Doch stellt sich die einfache Frage: Wann ist der Golfschlag zu Ende? Woran erkennen Sie sicher, dass er zu Ende ist? Um etwas abzuschließen, muss man wissen, wann das ist.

Erinnern Sie sich noch, als Sie begonnen haben, Golf zu spielen? Als Sie das erste Mal auf dem Platz standen? Sie wussten noch nicht viel vom Golfspielen – Sie machten einen Schlag. Und dann noch einen. Und dann noch einen. Einen nach dem anderen. Sie hatten diese beneidenswerte Fähigkeit, die alle Professionals und engagierten Amateure suchen und trainieren. Die Schläge waren manchmal gut, manchmal schlecht, manchmal waren es eher Putts als Schläge. Der Ball landete zwischen den Bäumen, im Wasser, irgendwo, oder, noch schlimmer, Sie haben geschwungen und dann lag dieser kleine weiße Ball immer noch unberührt vor Ihnen.

Aber Sie haben weitergemacht. Sie haben abgeschlossen. Neuer Schlag, neuer Versuch. Von einem Schlag zum nächsten. Sie kennen sicher die Sehnsucht, diese Naivität und Unschuld zurückhaben zu wollen. Wenn Sie heute den Abschlag nicht treffen, denken Sie manchmal noch bis zum letzten Putt dieser Runde an den einen verunglückten Schlag. Und unter Umständen kommen noch ein paar weitere Fehlschläge dazu. Das muss nicht sein.

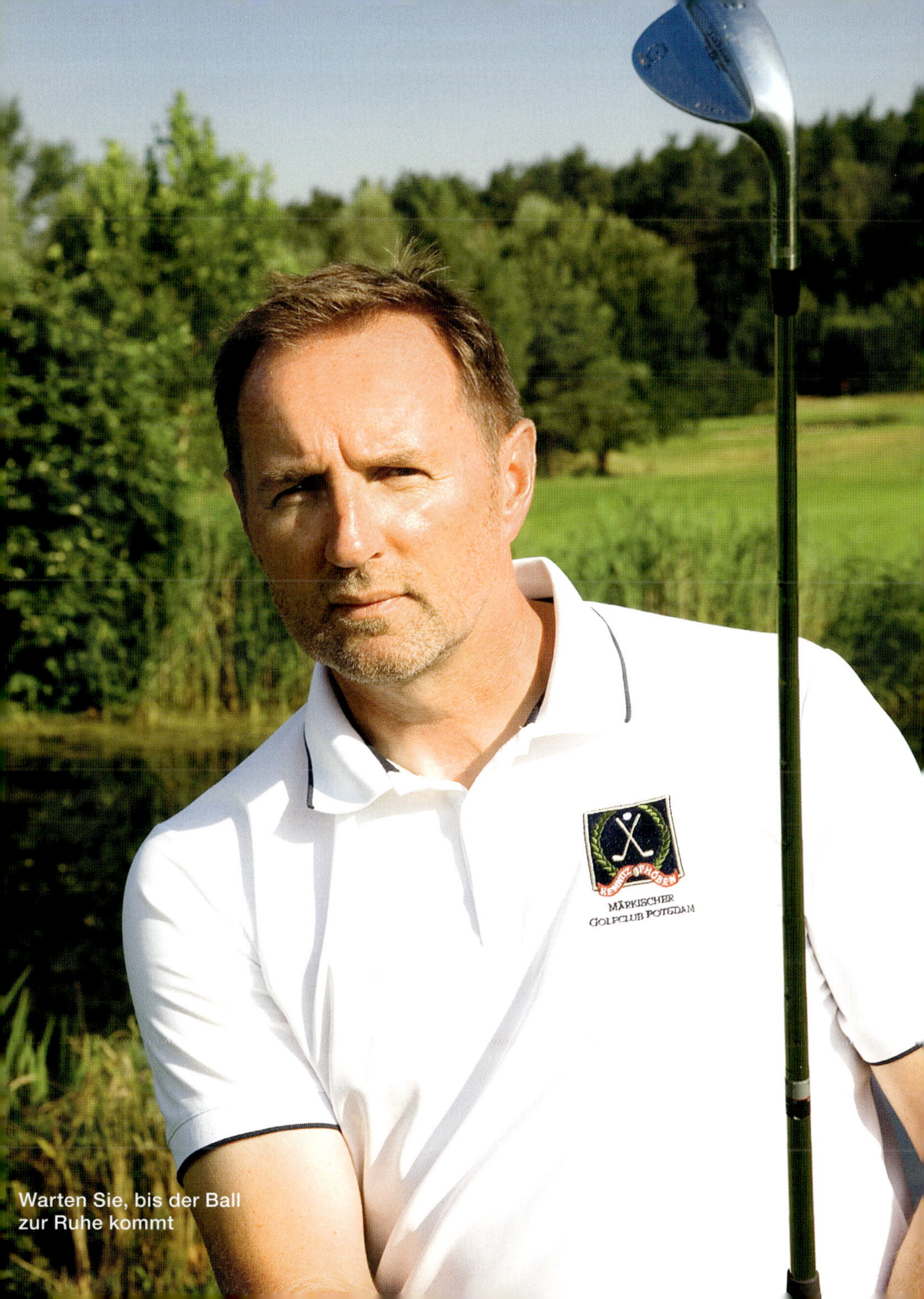

Warten Sie, bis der Ball zur Ruhe kommt

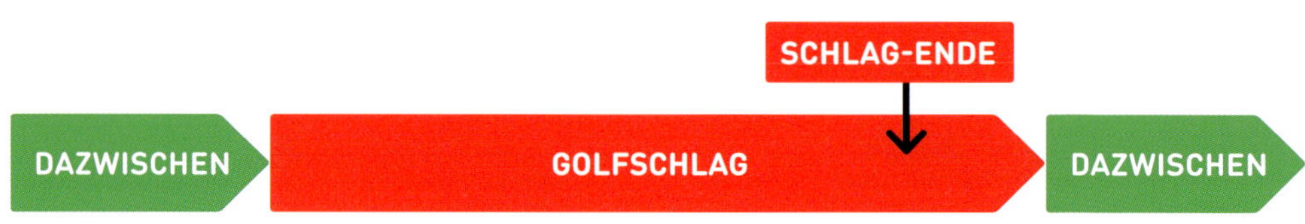

Das Ritual „Schlag-Ende" führt zur Akzeptanz

Die Konzentration auf das Schlag-Ende hilft Ihnen aus dem Dilemma, damit Sie unbelastet neu beginnen können. Denn jeder Schlag hat ein Ende, und wenn Sie dieses nicht finden, werden Sie unglücklich werden und bleiben. Es ist eine hohe Kunst, Dinge zu beenden und wahrhaft abzuschließen. Das gilt nicht nur im Golfspiel, sondern auch für das Leben.

Doch wo liegt nun das Ende des Golfschlags? Ganz einfach, der Schlag ist vorbei, wenn die kleine weiße Kugel zur Ruhe kommt. Das ist einfach, wenn Sie das sehen können. Am schönsten ist es natürlich, wenn der Ball im Loch verschwindet; das müssen wir nicht näher betrachten. Aber manchmal verschwindet der Ball in einem Hindernis, in den Wicken, im Wald oder sonst wo uneinsehbar. Und Sie wenden sich mit Grauen ab, weil Sie wissen, das war nichts. Gerade diese Situationen sind am schwierigsten. Es droht der Schlagverlust und Sie fallen in einen emotional belastenden Zustand. Dies kann Ärger, Wut, Frust, Enttäuschung, Trauer oder Angst auslösen. In diesem Fall sollten Sie sofort die Rituale „Umgang mit Gefühlen" und „Regulierung von Emotionen" anwenden. Ansonsten wird bei diesen Empfindungen reichlich Biochemie im Körper ausgeschüttet, die dann aufwendig reguliert werden muss.

GENIESSEN SIE DEN TRAUMSCHLAG

Wünschenswerter ist natürlich die schöne Variante: Der Traumschlag gelingt und Sie wenden sich voller Stolz und Zuversicht ab. In dieser Situation müssen Sie nicht wirklich etwas tun, Sie sollten die Emotionen und Gefühle genießen und die Biochemie ist erwünscht. Mit dem Ritual „Schlag-Ende" werden Sie diesen Zustand besser konservieren und mit in die nächsten Schläge nehmen können.

Trainieren Sie ab jetzt, das Ende zu beachten, auch wenn es großen Schmerz für Sie bedeutet, einen misslungenen Schlag bis zum bitteren Ende zu beobachten. Sie reduzieren die Gefahr des Ballverlustes, wenn Sie wissen, wo der Ball zum Liegen kommt.

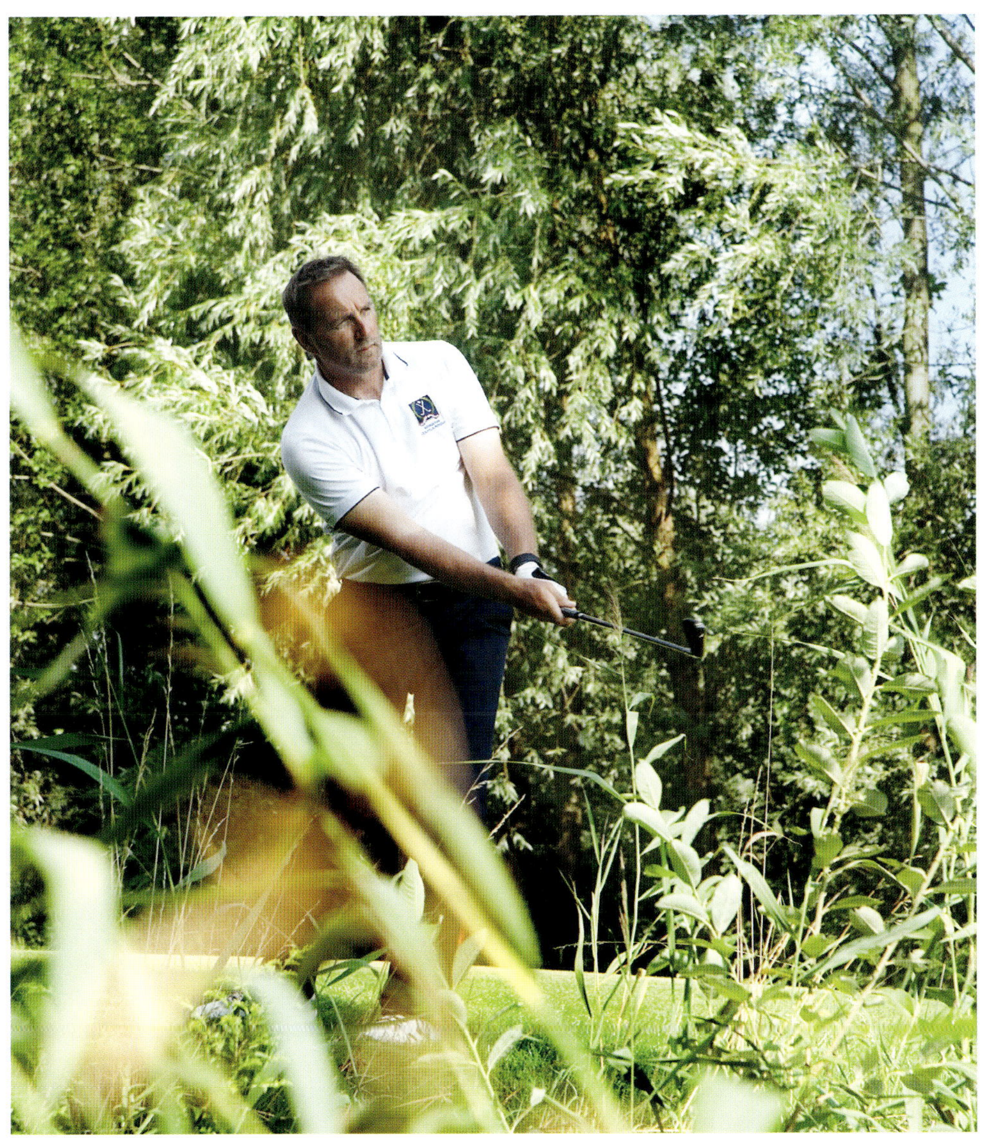

Schauen Sie hin, bis der Ball zur Ruhe kommt

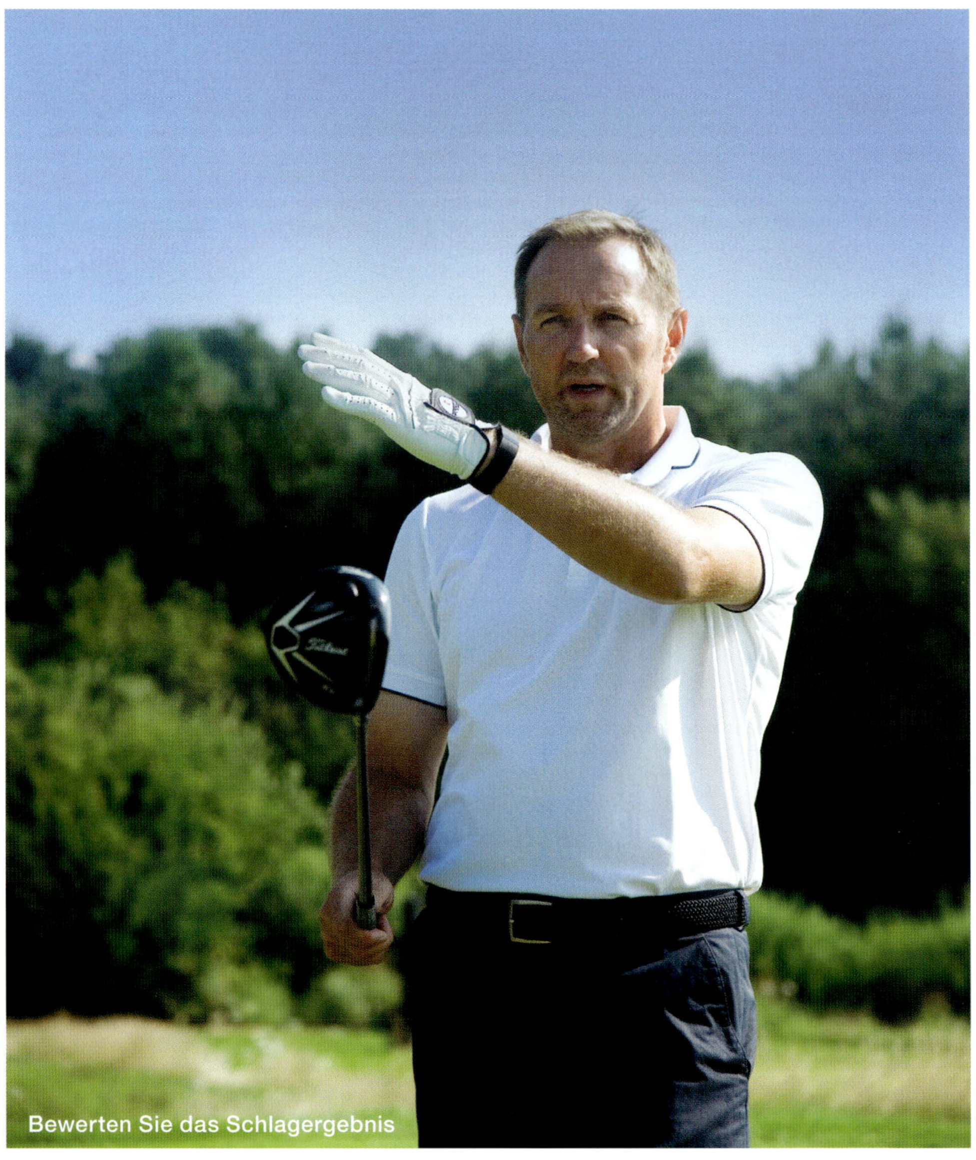

Bewerten Sie das Schlagergebnis

Sollten Sie den Ball aus den Augen verloren haben, insbesondere, wenn er ins Aus oder sonst wohin verschwindet, warten Sie einfach sieben Sekunden, zählen langsam von 20 bis 26. Definieren Sie dann den Schlag als beendet. Gehen Sie aus der Opferrolle und entscheiden ganz konkret für sich, wo der Ball liegt. Dabei spielt es keine Rolle, ob das stimmt. Wählen Sie eher eine optimistische Ball-Lage und gehen Sie in einen Zustand der Überzeugung, zumindest der Hoffnung, dass er gut liegt. Im Zweifel reicht es immer noch, in den Ärger oder in die Enttäuschung zu gehen, wenn Sie zum Ball kommen und die tatsächliche Lage schlimmer ist als angenommen oder Sie den Ball nicht finden.

Auch wenn die Entscheidung, einen provisorischen Ball zu spielen, eher eine strategische ist, so beeinflusst sie Ihren mentalen und emotionalen Zustand. Im Zweifel sollten Sie immer einen provisorischen Ball spielen. Das Risiko, zurücklaufen zu müssen, und die Zweifel auf dem Weg zum Ball stehen in keinem Verhältnis zur Scham, einen Ball verschlagen zu haben. Regulieren Sie Ihren emotionalen Zustand, machen Sie Ihr Pre- und Post-Shot-Ritual und schlagen Sie mit Entschiedenheit den Ball.

WÄHLEN SIE EINEN ANKER

Der provisorische Ball hindert Sie nicht daran, weiter von einer optimistischen Ball-Lage auszugehen. Natürlich ist es nicht so einfach, denn das Gehirn ist zuweilen ein ausgefuchster Bösewicht, der uns einfach keine Ruhe lässt. Hätte ich doch ... wäre ich doch ... aber wenn da nicht der Wind, meine Flightpartner, das Wetter, der Luftdruck wären... Gern wälzen wir die Gedanken von a nach b und wieder zurück.

Kennen Sie diesen Satz Ihrer Mitspieler: „Während ich geschlagen habe, wusste ich schon, dass es schlecht war.“ Rein neurologisch ist dies gar nicht möglich, trotzdem wird diese Begründung immer wieder gerne genommen. Schlechte Schlä-

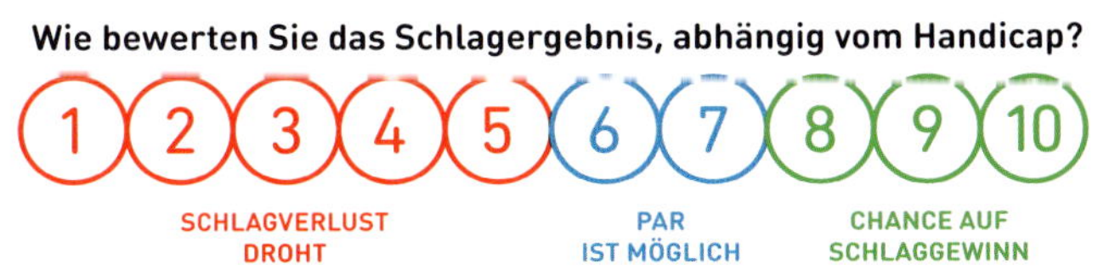

RITUAL SCHLAG-ENDE

1 Setzen Sie bewusst ein definiertes Schlag-Ende

Der Schlag ist zu Ende, wenn der Ball zur Ruhe kommt. Wenn Sie das Ende nicht sehen können, definieren Sie es selbst.

2 Prüfen Sie Ihren emotionalen Zustand und wenden Sie gegebenenfalls die Rituale „Umgang mit Gefühlen“ und „Regulierung von Emotionen“ an

Bringen Sie sich in Balance für die nächsten Schritte.

3 Bewerten Sie das Schlagergebnis mit der K-I-E Skala

Trennen Sie Ihr Schwunggefühl und das Ergebnis. Bewerten Sie es zügig und knapp mit der K-I-E Skala und betten diese in eine positive Aussage ein.

4 Beenden Sie den Schlag mit einem klaren Ende-Anker

5 Beginnen Sie mit dem Relax-Ritual

Das Relax-Ritual bringt die notwendige Entspannung. Dadurch bringen Sie sich in einen Zustand der Akzeptanz und der Freude.

ge sind einfach nur schlechte Schläge, und gute einfach nur gute. Einen Ball im Wasser zu versenken, ist einfach nur ein verlorener Ball. Das Leben geht schlicht gesagt weiter, und Sie sollten abschließen und zum nächsten Schlag übergehen. Vergessen Sie nicht zu atmen, atmen Sie jetzt bewusst, entspannen Sie Ihren Kiefer und finden Sie Ihre Haltung wieder.

QUITTIEREN SIE IHREN SCHLAG

Einfacher wird es, wenn Sie einen Anker für Ihr Schlag-Ende definieren, und diesen betten Sie in Ihre Post-Shot-Routine ein. Machen Sie sich bewusst, dass der Schlag zu Ende ist, wenn der Ball zur Ruhe gekommen ist. Sprechen Sie in Gedanken oder auch laut das Ende aus. Welches Wort für Sie am besten passt – ob „Ende“, „Schluss“ oder „Finish“ – werden Sie herausfinden. Ein simples „okay“ geht auch wunderbar. Wählen Sie einen kurzen auditiven Anker, da man beispielsweise beim Putten nicht viel Zeit bis zum nächsten Schlag hat. Mit diesem Ritual sollten Sie jeden Schlag beenden, es sollte ganz automatisch ein Teil Ihres Post-Shot-Rituals werden, so dass Sie nicht mehr darüber nachdenken müssen.

Zu Beginn werden Sie es vielleicht nicht schaffen, ohne Kommentar das Ende zu finden. Die Bewertung ist ein natürlicher Impuls; wenn wir sie unterdrücken, belasten wir uns. Bauen Sie die Bewertung in Ihr Ritual ein, solange, bis das Bedürfnis ganz verschwindet. Das mag das kompakte Ritual verlängern, aber denken Sie daran, der intuitive Abruf der K-I-E Skala dauert 300 Millisekunden.

Es wird Ihnen helfen, wenn Sie sich distanzieren und bewusst das Schlagergebnis bewerten. Kommentieren Sie das Ergebnis, nicht sich selbst. Sie wissen, manchmal hat das Schlagergebnis nichts mit dem Schwung oder Schwunggefühl zu tun. Verwenden Sie bei der Bewertung die K-I-E Skala. Versuchen Sie dabei, möglichst spezifisch und positiv zu sein.

– Okay (9), das war ein sehr gutes Ergebnis mit dem Holz 3

– Okay (8), das war ein guter Chip, Putt, Drive …

– Okay (4), das war kein guter Schlag. Das wäre eine gute positive Umformulierung für einen Kraftausdruck.

– Okay (2), das war wirklich kein guter Schlag.

Wenn es Ihnen gelingt, gehen Sie weiter. Lassen Sie die Kommentierung einfach weg und beenden Sie den Schlag.

– Okay, Ende des Schlags. Akzeptieren, ohne Resignation, einfach nur zustimmen.

WIRKUNG

Am Ende Ihres Golfschlags sollte Ihr emotionaler Zustand in Freude, Balance oder Akzeptanz übergehen. Es ist wichtig, den Schlag abzuschließen. Sonst hängen Sie in der Vergangenheit fest. Und das Festhängen in der Vergangenheit frisst Energie. Für unser Gehirn bedeutet es einen immensen Kraftaufwand, vergangene Situationen nachzubilden und Gründe für Versagen zu finden. Denn Lösungen sind ja nicht mehr möglich, da dieser Schlag schon stattgefunden hat. Auch das emotionale Empfinden von Wut, Enttäuschung oder Angst kostet Kraft. Kraft und Konzentration, die sie besser für den nächsten Schlag verwenden, der schon auf Sie wartet.

RITUAL PRE- UND POST-SHOT – DER WEG ZUM ENTSCHLOSSENEN SCHLAG

Das Ziel und die Sehnsucht aller Golfer ist ein kontrollierter, wiederholbarer Schwung, der immer wieder abgerufen werden kann. Für ein wiederholbares Golfspiel brauchen Sie ein Ritual, in das Ihr Golfschwung eingebettet ist. Die einfache Formel lautet: Ein Ritual führt zu einem wiederholbaren Golfschwung und Golfspiel. Die einzelnen Phasen Ihres Schwungs einschließlich seiner Vorbereitung sind in einem Ritual in einer festen Reihenfolge zusammengesetzt. Dabei unterscheiden wir zwischen Pre-Shot-, Execute- und Post-Shot-Ritual.

Bei Ihren Mitspielern können Sie den Ablauf gut beobachten. Doch sind Sie sich bewusst, was Sie selbst tun und wie Ihr individuelles Ritual aufgebaut ist? Wissen Sie, wie funktional Ihr Ritual für Ihr Schwungergebnis ist? Sollten Sie glauben, das Wissen darüber hätte nur theoretischen Wert, so ändern Sie einfach mal ein Detail. Verlegen Sie zum Beispiel Ihren Probeschwung an einen anderen Ort. Nach einigen Löchern werden Sie merken, wie Sie in das alte Ritual zurückfallen oder wie viel mentale Kraft Sie brauchen, um diese Änderung bewusst aufrechtzuerhalten. Jeder Spieler hat ein Pre-Shot-Ritual, den Golfschlag und ein Post-Shot-Ritual, ohne dass es ihm immer bewusst ist. Sie sollten die einzelnen Phasen so gestalten, dass sie Sie unterstützen, um zu einem wiederholbaren erfolgreichen Schwung zu kommen.

Um den Golfschwung selbst kümmert sich Ihr Golftrainer: um Take-Away, Rückschwung, Umkehrpunkt, Durchschwung, Treffmoment und Finish. Dieses Ritual gibt Ihrem Schwung einen Rahmen und unterstützt Sie dabei, Ihr ganz persönliches Pre- und Post-Shot-Ritual zu finden. Manch einer benutzt in diesem Zusammenhang das Wort Routine. Ein bewusstes Ritual wertet die Routine auf und präzisiert die wiederholbaren Phasen. Mit der Wiederholung verfestigen Sie die Fertigkeit als Gewohnheit und „brennen" diese tiefer in Ihr Emotionssystem ein. Beobachten Sie die Playing Professionals auf der Tour. Sie werden sehen, jeder hat sein individuelles

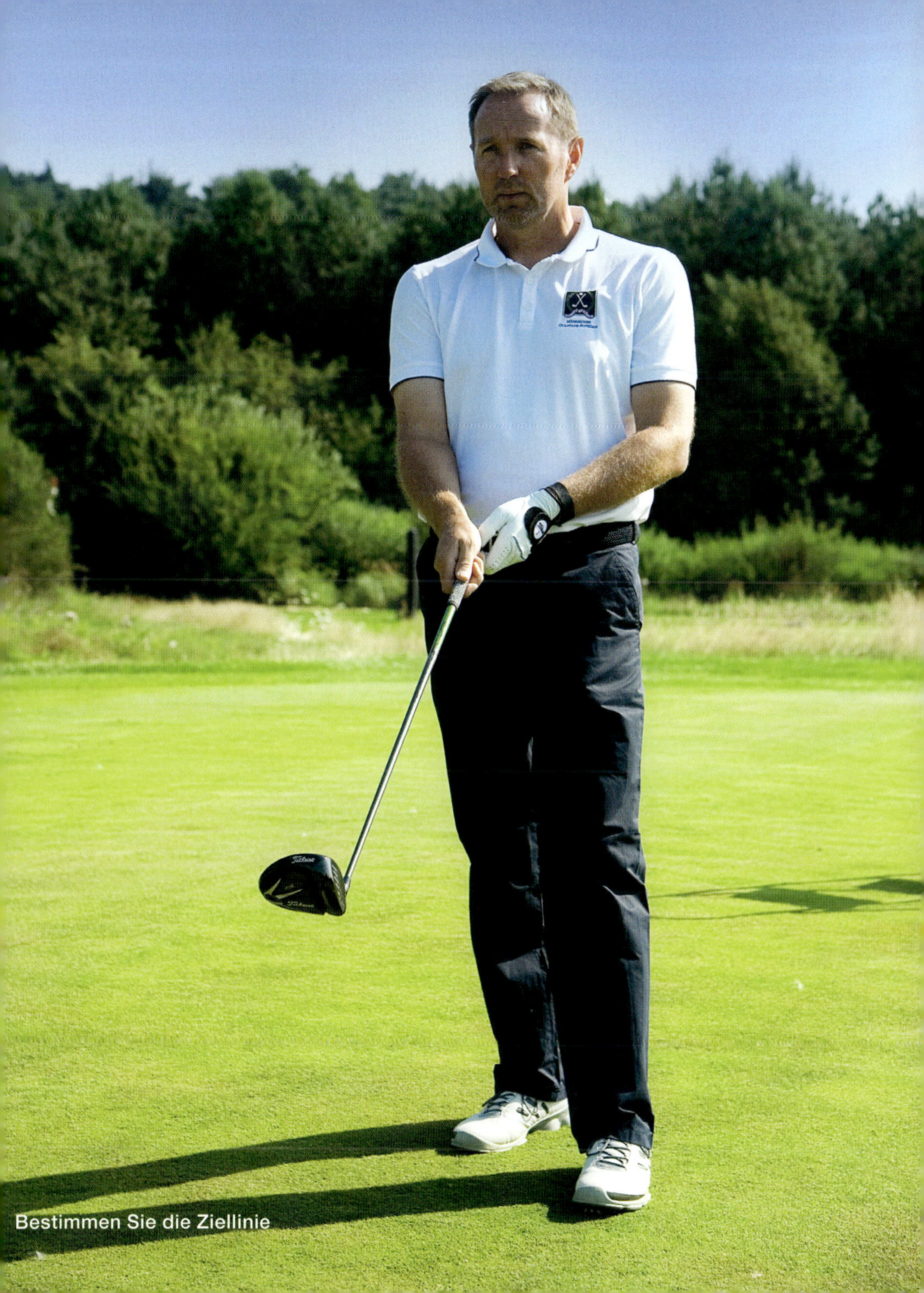
Bestimmen Sie die Ziellinie

Ritual und jeder wiederholt dies mit traumwandlerischer Sicherheit.

Das Ritual erscheint als äußerer Bewegungsablauf, das ist jedoch nur der Rahmen, in den die inneren Prozesse eingebettet sind. Die Wirksamkeit für einen wiederholbaren Schlag entfaltet sich erst, wenn Sie Ihre inneren Prozesse von Wahrnehmung, Konzentration, Fokussierung und Entschlossenheit bewusst in Ihr Pre- und Post-Shot-Ritual integrieren. Das äußerliche Imitieren des sichtbaren Habitus guter Spieler ohne eigene Strategie und Akzeptanz würde seine Wirkung verfehlen.

Sie erreichen Ihr bestes Ergebnis, wenn Sie ein realistisches Ziel wählen, sich für eine an Ihrer Spielstärke orientierten Strategie entscheiden und sich in einem mental und emotional angemessenen Zustand befinden. Die Balance und die Sicherheit in Ihrer Entscheidung stellen die Entschlossenheit für einen kraftvollen Schlag her. Die Akzeptanz des Ergebnisses macht Sie frei für den nächsten Schlag und für die Regeneration zwischen den Golfschlägen.

Es gibt genauso viele Ausprägungen in einem Pre- und Post-Shot-Ritual wie Golfschwünge. Jedes Ritual hat eine feste Anzahl von Phasen mit einem spezifischen inneren Zustand, der mit der beschriebenen Ankertechnik aufgebaut und durch Wiederholung verfestigt wird. Im Pre-Shot-Ritual ermitteln Sie das Ziel und wählen die passende Strategie, bereiten Ihre Bewegung vor, überprüfen Ihre Ausrichtung auf das Ziel. Nach einer entschiedenen und kraftvollen Schwungausführung gehen Sie in das Post-Shot-Ritual über, indem Sie die Akzeptanz unabhängig vom Ergebnis herstellen.

„Ein solider, wiederholbarer Golfschwung hängt nur von wenigen essentiellen Elementen ab", sagte Ben Hogan, der neunfache Major-Sieger in den 1940er und 1950er Jahren. 1953 errang Hogan als erster Golfspieler drei Major-Siege in einem Jahr. Sein Schwung wird noch heute als perfekter Bewegungsablauf angesehen. Er inspirierte eine ganze Generation von Golf Professionals, bewusst zu trainieren, und brachte mit seinem frühen Statement das Wesentliche auf den Punkt: Wenige klare Elemente und die Wiederholung in Ritualen sind das Fundament erfolgreichen Golfspielens.

DIE DREI PHASEN DES PRE-SHOT-RITUALS

Phase plan

In der Plan-Phase legen Sie Ziel und Strategie Ihres Schwungs fest, die im Ritual

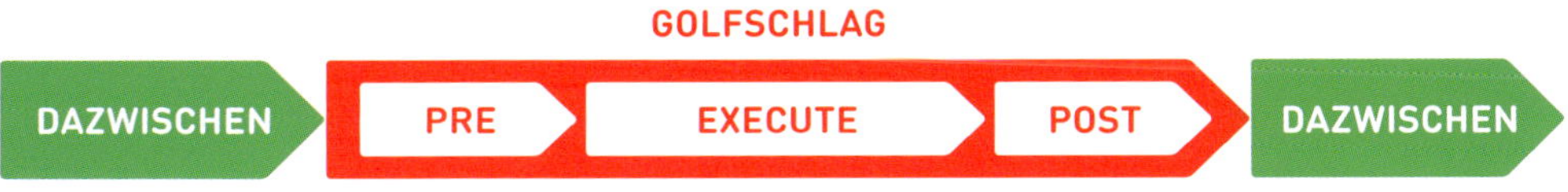

Der Golfschlag besteht aus drei Phasen

„Zieldefinition" detailliert beschrieben werden. Die Ball-Lage, ebenso Grashöhe, Grasart und Wuchshöhe sowie Steigung und Neigung des Bodens geben Ihnen vor, welcher Schlag überhaupt möglich ist. Ein Ball Mitte Fairway mit ebener Standfläche bietet andere Optionen als ein Ball im Semi-Rough. Die Wahl des Schlägers ergibt sich aus der Länge, die Sie erreichen können, und der Entfernung zum Grün oder zur angepeilten Position.

Erstellen Sie eine Liste pro Schläger, wie weit Sie den Ball mit einem vollen Schwung transportieren, wenn Sie ihn ordentlich treffen. Mit fortgeschrittener Spieltechnik werden Sie zwischen der Carry-Länge, wie weit der Ball zum Auftreffen fliegt, und der Roll-Länge, wie weit der Ball ausrollt, unterscheiden. Entsprechend können Sie Ihre Strategien differenzieren. Legen Sie Ihre Längen-Liste Ihrem Birdie Book bei und planen Sie stets mit diesen Längen. Gehen Sie in der Planung immer davon aus, dass Sie den Ball gut treffen. Denn der Gedanke „wenn ich den Ball nicht richtig treffe, landet er im Wasser, deshalb nehme ich lieber einen längeren Schläger" verhindert, dass Sie zu einem wiederholbaren Schlag kommen. Sie werden nicht von Anfang an alle Bälle gut treffen, aber Sie werden eine sichere Planung erreichen, und das Vertrauen in einen wiederholbaren Schlag wird wachsen. Dies führt dann auf Dauer tatsächlich dazu, dass Sie häufiger gut treffen. Wann Sie einen offensiven und riskanten Schlag oder einen defensiven und sicheren Schlag anwenden sollten, wird im Ritual „Zieldefinition" beschrieben.

Zusammen mit den weiteren Gegebenheiten wie Hindernisse in der Flugbahn, Windstärke und Richtung, Größe sowie Neigung der Landezone und Ihrer mentalen und emotionalen Situation bestimmen Sie das Ziel und die geplante Flugbahn.

Legen Sie die Ziellinie, die Verbindungslinie zwischen Ball und Ziel, fest und suchen Sie sich ein nahes Zwischenziel, eine auffällige Stelle am Boden, für die spätere Ausrichtung der Ansprechposition. Nach der Entscheidung für das Ziel und die

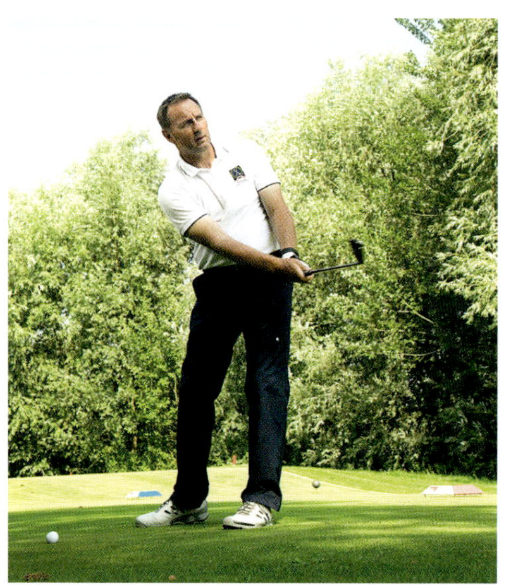

Suchen Sie die passende Schwungidee

Strategie entwickeln Sie einen Plan für den Ball-Flug, den voraussichtlichen Roll und wählen den entsprechenden Schläger.

Die Planungsphase selbst ist so komplex, das sie im Ritual „Sicher entscheiden" näher ausgeführt wird.

Phase prepare

Beginnen Sie die Prepare-Phase mit dem Wort „prepare" als Anker oder einem Kommando Ihrer Wahl. Versetzen Sie sich in den Zustand des Hier & Jetzt. Spüren Sie Ihren Körper und seien Sie aufnahmefähig für das, was Sie geplant haben. So erreichen Sie die größtmögliche Sicherheit für Ihren Schwung.

In dieser Phase verbinden Sie den Schwunggedanken mit Ihrer Bewegung. Dies kann die strategische Entscheidung beispielsweise für einen Draw oder Fade sein oder ein technischer Schwunggedanke wie Ball-Boden-Kontakt. Achten Sie darauf, dass Sie immer nur einen einzigen Schwunggedanken verfolgen. Die Entscheidung, ob Sie den Schwunggedanken in einem vollen Probeschwung vorwegnehmen oder den Schwunggedanken nur in einer kurzen Bewegung antesten, fällen Sie individuell. Ein voller Probeschwung ist vergleichbar einer Generalprobe, er ist eine erste Körpererfahrung, die Sie später im Schwung wiederholen.

Für was Sie sich entscheiden, hängt primär von Ihrer Spielstärke ab. Ein Amateur tendiert dazu, den Schwunggedanken mit einem vollen Probeschwung zu verbinden, ein Professional legt den Fokus eher auf eine kurze Bewegung. Dabei ist eine Differenzierung pro Schlag durchaus sinnvoll. Viele Amateure wählen einen vollen Probeschwung beim Abschlag, eine kurze Bewegung beim Schlag ins Grün und mehrere Probeschwünge und einen finalen Schwunggedanken beim Chippen und Putten. Wichtig ist, dass Sie sich klar entschei-

GOLFSCHLAG

PLAN | PREPARE | VISUALIZE | EXECUTE | ACCEPT | RELAX

PRE | POST

Jede Phase hat einen oder mehrere Schritte

den und dies im Ritual immer so ausführen. Wenn der Probeschwung misslingt oder Sie ein ungutes Gefühl haben, brechen Sie ab und beginnen die Prepare-Phase mit dem Beginn-Anker neu.

Sollte das Körpergefühl die Rückmeldung geben, dass die Planung nicht stimmig ist, brechen Sie das gesamte Pre-Shot-Ritual ab und beginnen erneut mit der Plan-Phase.

Der Fokus auf einen Schwunggedanken kann mehrfach wiederholt werden, bis dieser stimmt. Setzen Sie Ihre Vorbereitung bei einem stimmigen Gefühl fort. Beenden Sie die Prepare-Phase mit dem Ende-Anker und beginnen Sie mit der Visualize-Phase.

Sollten Sie sich für einen Waggle entscheiden, das Ansetzen und Einpendeln des Schlägers beim Ansprechen, geben Sie diesem einen Fokus. Ohne ihn wäre der Waggle eine sinnentleerte Nachahmung, die schnell irritiert. Die gezielte Bewegung des Schlägers am Ball kann aber die Aufmerksamkeit auf den richtigen Treffmoment lenken. Neben der Fokussierung bleiben Sie durch einen Waggle in Bewegung und lockern sich für die anschließende Entschlossenheit am Ball. Auch ein Waggle ist ein möglicher Abschluss der Prepare-Phase, die gleichfalls mit dem Ende-Anker „fertig" abgeschlossen wird.

Phase visualize

Nehmen Sie die Entschlossenheit aus der Plan-Phase mit und begeben Sie sich in die Ansprechposition. Wählen Sie das Wort „visualize" als Beginn-Anker, um die Visualize-Phase einzuleiten und versetzen Sie sich wieder in die Zukunft mit Entschiedenheit und Überzeugung. Blicken Sie ein bis drei Mal Richtung Ziel und visualisieren oder spüren Sie dabei die in der Planungsphase entwickelte Flugbahn. Beenden Sie diese Phase mit dem Wort „end" als Ende-Anker und gehen zügig in die Execute-Phase über.

Sollten Sie in dieser finalen Prüfungsphase merken, dass Ihre Strategie, angereichert mit den Informationen aus der Prepare-Phase, nicht stimmig ist, so

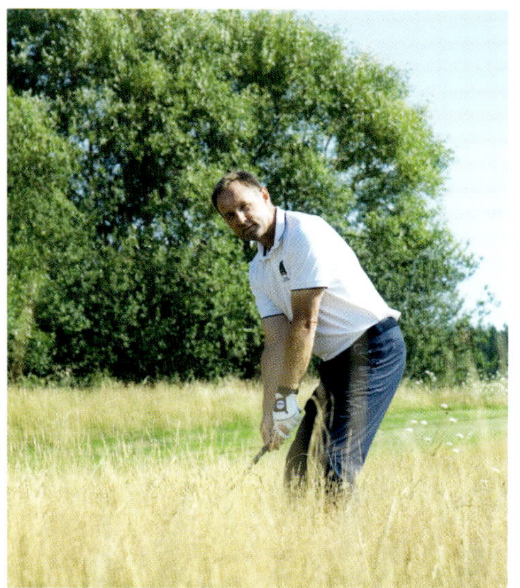

Nehmen Sie das Ziel nochmals ins Visier

brechen Sie das Pre-Shot-Ritual ab und beginnen mit der Plan-Phase von neuem.

DIE PHASE EXECUTE – GO AND LET GO

Wählen Sie das Wort „go“ als Beginn-Anker, um die Execute-Phase einzuleiten. Versetzen Sie sich in den Zustand des Hier & Jetzt, übernehmen und verstärken Sie den Zustand von Überzeugung und Entschlossenheit und führen Sie den Golfschwung mit Zuversicht kraftvoll aus. Spüren Sie, wie Ihr Ziel und Ihre Strategie mit Ihren Fähigkeiten verbunden sind. Vertrauen Sie auf die Bewegungskompetenz, die dem Bewussten nicht zugänglich ist, und lassen Sie los. Das, was jetzt geschieht, ist außerhalb Ihres Einflusses; stimmen Sie ihm entschieden zu, so wie es ist.

Loslassen bedeutet nicht eine „hit and hope“-Einstellung, bei der Sie ohne Plan und Vorbereitung auf den Ball schlagen und hoffen, dass es irgendwie gut ausgeht. Führen Sie den Schwung entschieden und kraftvoll aus, in der tiefen Überzeugung, alles getan zu haben, was Sie tun konnten. Beenden Sie die Execute-Phase mit dem Wort „okay“ oder „done“ als Ende-Anker und erleben Sie, was geschieht.

DIE ZWEI PHASEN DES POST-SHOT-RITUALS

Phase accept

Der Anker „okay“ oder „done“ leitet über in die Accept-Phase. Warten Sie, bis der Ball zur Ruhe kommt, damit ist das Post-Shot-Ritual eingeläutet. Manchmal fällt es schwer, diesen Zeitpunkt abzuwarten, vor allem wenn Sie bereits wissen oder spüren, dass dieser Golfschwung kein gutes Ergebnis bringen wird. Aber die Verortung des Balles ist wichtig, denn sie kann eine weitere Entscheidung nach sich ziehen, etwa einen provisorischen Ball zu spielen. Sie akzeptieren den Ausgang mit einer bewussten Bewertung des Schlagergebnisses. Sie wird im Ritual „Schlag-Ende“ näher ausgeführt.

Phase relax

Die Akzeptanz, den Golfschlag und sein Ergebnis anzunehmen, leitet bereits die Relax-Phase ein. Ein Wort wie „okay“ beendet diese Phase und setzt den Ende-Anker. Um jetzt entspannt und fokussiert weiterspielen zu können, unabhängig vom Ergebnis, schließt sich das Ritual „Relax“ an, das den Abschluss Ihres Schwungs weiterführt und durch das Sie neue Energie für die nächsten Löcher auftanken.

VERORTUNG DER JEWEILIGEN PHASEN

Das Ankern des jeweiligen Zustands mit den auditiven Beginn- und Ende-Ankern wird durch den Ort, an dem sich der Spieler befindet, zusätzlich verstärkt. Führen Sie die jeweilige Phase immer an der gleichen Position aus. Die individuellen Ausprägungen muss jeder Golfspieler für sich finden. Wir empfehlen die Positionen, wie im Bild dargestellt.

Die größte Variation findet sich bei der Prepare-Phase. Sie wird von Professionals häufig in der Nähe der Plan-Phase ausgeführt. Amateure neigen zur Nähe der Execute-Phase, gerade beim vollen Golfschwung, um möglichst eine exakte Blau-

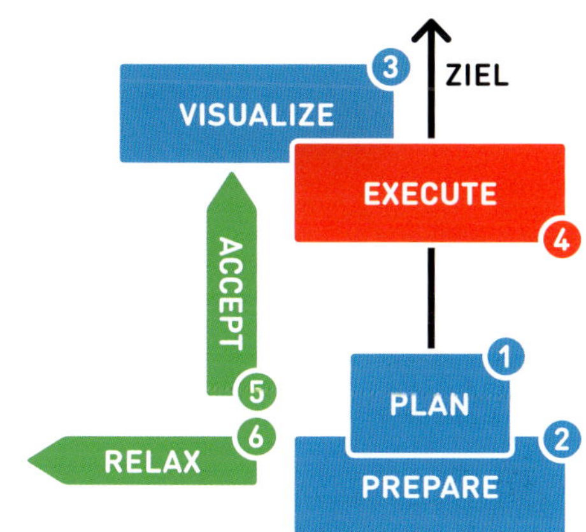

Die Schritte zur Vorbereitung des Golfschlags werden an festen Positionen ausgeführt

pause für den anschließenden Schwung zu bekommen.

Der Waggle kann nur sinnvoll in der Ansprechposition der Execute-Phase gemacht werden, da der Waggle direkt mit dem Schläger Richtung Ball ausgeführt wird. Wurde der Probeschwung hinter dem Ball ausgeführt, so ist die Prepare-Phase an zwei Orten durchzuführen, Probeschwung hinter dem Ball und Waggle in der Ansprechposition.

Finden Sie die Positionen, die für Sie stimmig sind. Achten Sie darauf, dass Sie an einer Position nur eine Phase ausführen. Entscheiden Sie sich für die Verortung der Phasen und führen Sie diese im Pre- und Post-Shot-Ritual immer gleich aus.

RITUAL PRE- UND POST-SHOT

In jeder Phase brauchen Sie einen ganz spezifischen inneren Zustand, der mit der beschrieben Ankertechnik aufgebaut und durch Wiederholung verfestigt wird. Entscheiden Sie sich für Ihre Verortung der Phasen plan, prepare, visualize, execute, accept, exit und verankern diese durch Wiederholung der Phasen an diesen Orten.

PRE-SHOT-RITUAL

1 Planen Sie Ihren Golfschwung und bringen Sie Ziel, Strategie und Entschlossenheit zusammen

In der Plan-Phase erstellen Sie das Ziel und die Strategie, mit der Sie es erreichen.

2 Bereiten Sie sich und Ihre Bewegung auf den Schwung vor

In der Prepare-Phase geben Sie Ihrem Körper mit dem Probeschwung eine Orientierung und Ausrichtung für das Erreichen Ihres Ziels.

3 Visualisieren Sie den Ballflug und Roll zum gewünschten Ziel

In der Visualize-Phase verankern Sie das angestrebte Ziel und stellen die Entschlossenheit mit dem finalen Plan für den Golfschwung her.

EXECUTE-PHASE

4 Führen Sie den Golfschwung mit Überzeugung aus

In der Execute-Phase führen Sie den Golfschwung entschieden, zuversichtlich und kraftvoll aus. Kurz nach dem Treffmoment gehen Sie in den Zustand völliger Zustimmung über zu dem, was geschehen wird.

POST-SHOT-RITUAL

5 Bewerten und akzeptieren Sie das Schlagergebnis

Bewerten Sie das Ergebnis und versetzen Sie sich in einen Zustand der Akzeptanz.

6 Schließen Sie den Golfschwung ab und gehen Sie in den Relax-Zustand über

Die Exit-Phase ist die finale Phase im Post-Shot-Ritual und markiert bewusst und explizit das Ende des Golfschlags. Dieses leitet über in die Relax-Phase.

Alle Phasen haben einen Beginn- und Ende-Anker und die Zustände werden entsprechend mit diesen Ankern verbunden.

WIRKUNG

Der Glaube vieler Golfer, eine sichere Schlagtechnik führe zum Erfolg, ist eine Voraussetzung, greift jedoch zu kurz. Unsicherheit in der Schlagvorbereitung schwächt den besten Golfschwung. Nur ein sicheres Ritual führt zu einem sicheren Schlag. Über die Anker-Kette von Planung über Vorbereitung und Visualisierung bis zur Ausführung und dem Abschluss kommen Sie zu einem sicheren, entschlossenen und kraftvollen Schlag. Mit dem Ritual „Pre- und Post-Shot" kommen Sie Ihrem Ziel und Ihrer Sehnsucht nach einem kontrollierten und wiederholbaren Schwung näher. Sie geben sich und Ihrem Golfschlag einen Rahmen, den Sie in Ihre individuelle Schlagvor- und -nachbereitung einbetten. So können Sie in einem Ritual einen wiederholbaren Golfschwung für ein erfolgreiches Golfspiel abrufen.

Sie werden anfangs für das Pre- und Post-Shot-Ritual etwas Zeit brauchen. Das zahlt sich aber schnell aus. Eingeübt und automatisiert wird und sollte es nur noch 30 bis 45 Sekunden dauern. Der zügige Ablauf dient dem Spielfluss, minimiert Irritationen und reduziert die körperliche, mentale und emotionale Belastung. Mit dem sicheren Ablauf des Rituals bekommen Sie den besten Zugang zu Ihren Fähigkeiten, um das Golf zu spielen, zu dem Sie fähig sind.

RITUAL UMGANG MIT GEFÜHLEN – WIE GELASSENHEIT ENTSTEHT

Emotionen, Gefühle und die durch sie hervorgerufenen Entscheidungen beherrschen unser Leben, auch beim Golfspielen. Dort sogar mehr, als uns oft lieb ist. Um mit Gefühlen angemessen umzugehen, sollten wir zuallererst wissen, was sie mit uns machen. Wir sollten eine schlüssige Erklärung dafür haben, warum man es dem einen Tour Pro nicht ansieht, ob er mit einer phantastischen 66 oder einer mäßigen 73 vom Platz geht und der andere seine Emotionen offen zeigt. Wir sollten verstehen, dass ein und derselbe Spieler emotional verschlossen erscheint und dann, in bestimmten Situationen, doch seine Emotionen durchbrechen. Wir sollten die Wirkmechanismen kennen, wieso Amateure, aber auch Spitzenspieler, bei einem leichten Schlag versagen, nur weil sie Wasser vor sich haben, oder warum ein Amateur nach dem dritten misslungenen Bunkerschlag immer noch auf den Ball dreschen will.

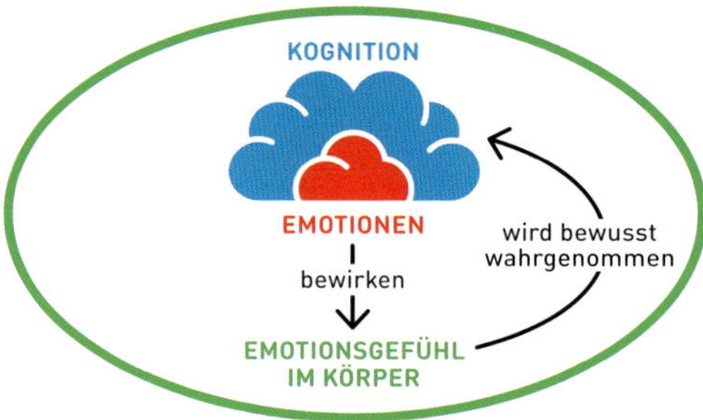

So entsteht das Emotionsgefühl

Es sind die Emotionen. Sie lösen nicht nur Gefühle aus, sondern beeinflussen maßgeblich sowohl Ihre Bewegungsabläufe als auch Entscheidungen. Dabei ist es wichtig uns klarzumachen, dass uns die Emotionen Angst, Ärger und Trauer nicht immer und vor allem sofort bewusst sind, wohl aber die von diesen Grundemotionen provozierten Gefühle. Die Emotionen sind in vielen Situationen dem Bewussten nicht zugänglich. Sie lassen uns vor einem schwierigen Schlag achtsam und bei einem engagierten Schlag kraftvoll werden, ohne dass wir sie bemerken. Erst wenn die Emotionen die Unterstützung der Kognition brauchen, werden sie bewusst. Das Emotionssystem teilt sich dann mit einem unangenehmen Gefühl mit. Es ist ein Signal des Emotionssystems an

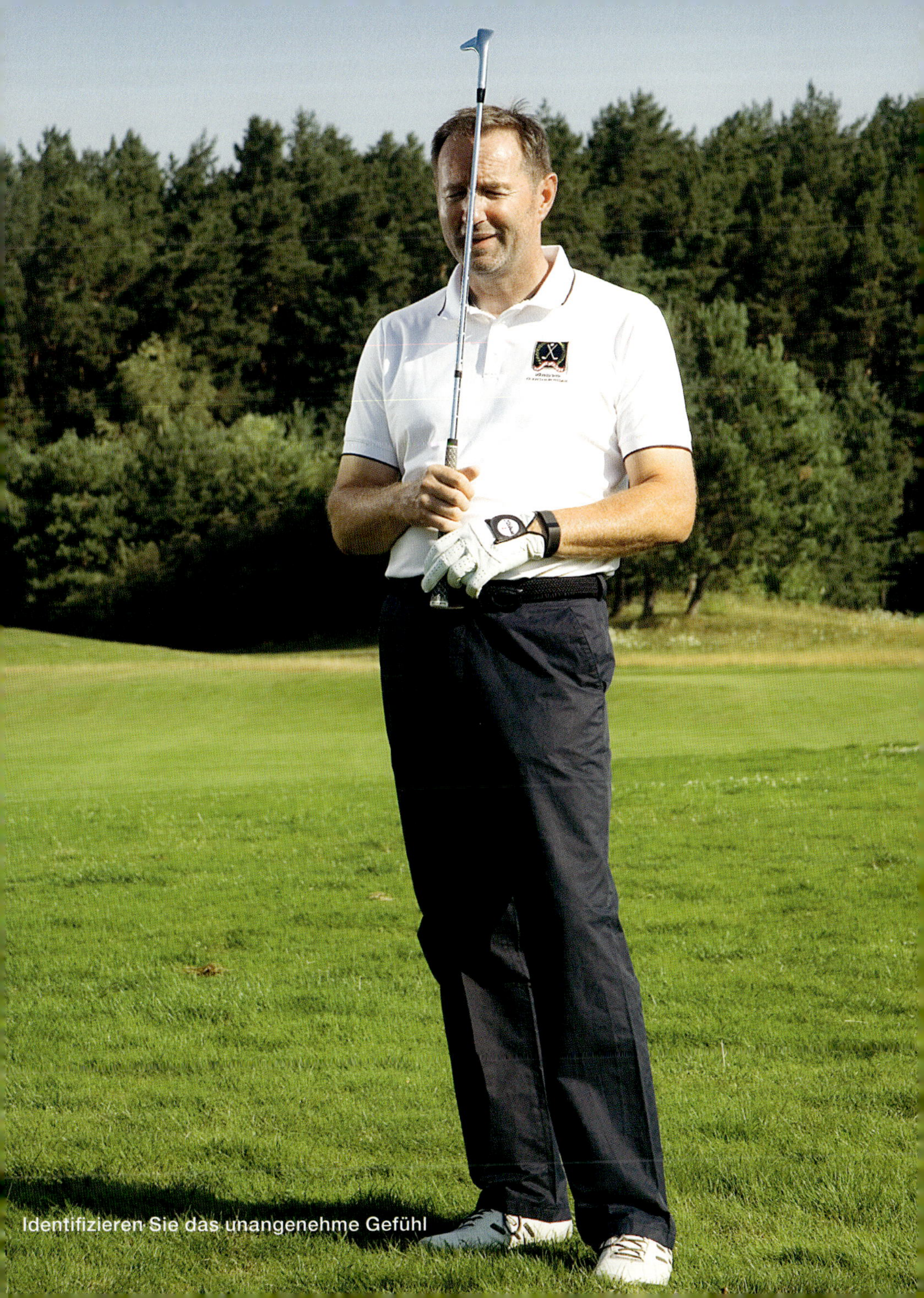

Identifizieren Sie das unangenehme Gefühl

das Kognitionssystem und bedeutet: „ich schaffe es nicht, tue was."

Im Nachhinein erlauben die Emotionsgefühle einen Rückschluss auf die Emotionen, die wirkten und sie auslösten. So ist es nicht die „sich selbst erfüllende Prophezeiung", die den Ball ins Wasser befördert. Es ist Ihr Emotionssystem, das Sie einen verkrampften Schlag machen und Sie anschließend das Gefühl der Angst spüren lässt. Sollte Ihr Emotionssystem Sie, also genau genommen Ihr Kognitionssystem, vor der Bewegung mit dem Angst-Gefühl aktiviert haben, so haben Sie das Angst-Gefühl davor und das Trauer- und Ärger-Gefühl danach. Ihr Emotionssystem wollte mit Trauer den misslungenen Schlag verarbeiten und mit Ärger kraftvoll Einfluss nehmen. Wahrscheinlich ist in dieser Situation der Ärger dominant. Die Kognition liefert später die Erklärung nach, eine Rechtfertigung dessen, was geschah, weil dieser Prozess dem Bewussten nicht zugänglich war.

Das Gute ist, Sie können Ihre Emotionen verstehen und gezielt auf sie einwirken, wenn Sie bewusst darauf achten, was sie mit Ihnen machen. Im Emotionssystem ist Wasser als „gefährlich" kodiert, und es macht Sie automatisch achtsam, ohne dass dieser Prozess dem Bewussten zugänglich ist. Sind Sie dabei in Resonanz mit einer aktuellen oder vergangenen angstbesetzten Erfahrung, so kann sich die Angst hochschaukeln in Richtung „Panik" oder „Starre". Die „panische" Reaktion aktiviert zu sehr und lässt Sie den Ball zu weit

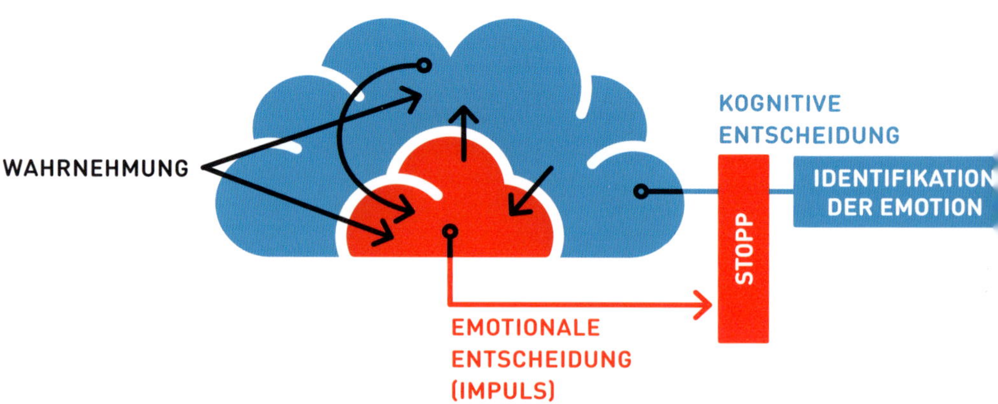

Durch das Emotionsgefühl ist die zugehörige Emotion zu erkennen

schlagen. Die gegenläufige Reaktion lässt Sie verkrampfen und der Schlag misslingt auch. Die Angst beeinflusst sowohl Ihre Entscheidung als auch die muskuläre Ansteuerung und führt zur falschen Dosierung von Kraft und Tempo. Ein Verständnis der Emotionen gelingt nur über eine Sowohl-als-auch-Betrachtung.

Sie wissen bereits, dass sich das Emotionssystem in einer prekären Situation mit einem unangenehmen Emotionsgefühl ausdrückt. Nur deshalb bemerken wir, dass etwas nicht stimmt und können die Situation bewusst korrigieren. Sie werden sich mit Recht fragen, ob Sie diesen archaischen Mechanismus wirklich kennen müssen, nur um über ein Wasserhindernis zu schlagen. Ja, das hilft. Denn dieser Vorgang hat

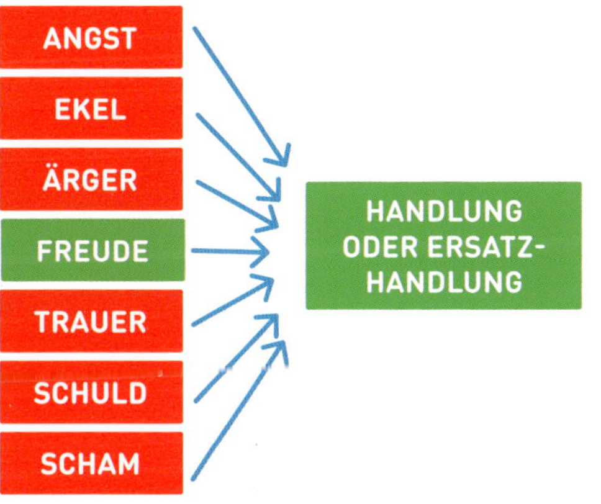

bereits stattgefunden, wenn Sie mit dem Schlag unzufrieden sind. Es hilft zu verstehen, was geschah, damit Sie anschließend das Richtige tun. Wenn Sie das Gefühl ignorieren, werden Sie darunter leiden.

Das ist die Krux an der Geschichte, und deshalb zielt dieses Ritual auf den funktionalen Umgang mit Gefühlen. Das Geschehene kann nur angenommen, danach kann damit umgegangen werden. Tun wir das nicht, werden Wahrnehmung, Bewertung und Entscheidungen weiter verzerrt und schließlich kommt es zur Ausschüttung und Überflutung von Hormonen und Neurotransmittern, die die Verzerrung über mehrere Minuten bis zu Stunden ausdehnen. In diesem Zustand spielen wir definitiv nicht das Golf, zu dem wir fähig sind. Für ein erfolgreiches und kontrolliertes Golfspiel brauchen wir unseren emotionalen Zustand im funktionalen Bereich.

Konfuzius, der chinesische Philosoph, wusste schon: „Es gibt drei Wege des Lernens: Durch Nachdenken – das ist der edelste –, durch Erfahrung – das ist der bitterste – und durch Nachahmung – das ist der leichteste." Das Nachdenken wird durch die Grundlagen dieses Buchs angeregt. Die bitteren Erfahrungen hat jeder Golfspieler selbst gemacht, und als Leser dieses Buchs sind Sie reif für die Nachahmung, die leichteste Form des Lernens. Indem Sie die Rituale durchführen, leisten Sie einen spezifischen Beitrag dazu, Ihre emotionale Disposition im funktionalen Bereich zu halten oder wieder in diesen zurückzukehren.

Mit dem im nächsten Kapitel vorgestellten Ritual „Regulierung von Emotionen" sorgen Sie dafür, dass Sie möglichst schnell aus einer emotional belastenden Situation herauskommen. Das Ritual „Umgang mit Gefühlen" ist ein vorbereitender Schritt dafür. Es löst leichte emotionale Belastungen auf, die sich als ein unangenehmes Gefühl äußern. Die folgenden Schritte müssen Sie dafür durchlaufen.

Heißen Sie das unbehagliche Gefühl willkommen und stimmen Sie der bereits aktivierten Emotion zu. Das ist die oft zitierte Demut im Golfspiel, dem zuzustimmen, was bereits geschehen ist. Machen Sie sich bewusst, dass dieses jetzt so unangenehme Gefühl nur ein archaischer spürbarer Hinweis dafür ist, was Sie in der jetzigen Situation tun sollten. Das unangenehme Gefühl wird jetzt zur Unterstützung und erlaubt Ihnen die Grundemotion zu identifizieren. Erkennen Sie das Gefühl und ordnen Sie es einer Emotion zu. Die Angst fühlt sich zusammenziehend, einschränkend und beklemmend an. Der Ärger ist für viele eher warm, druckvoll und aktivierend. Die Trauer fühlt sich bei vielen leer oder substanzlos an und ist eher unspezifisch. Leiten Sie nun die Motivation aus der Emotion ab:

– Angst motiviert Sie, in die Achtsamkeit zu gehen
– Ärger motiviert Sie für einen kraftvollen Schlag
– Enttäuschung motiviert Sie zum Loslassen, um anschließend frei zu sein, für einen kraftvollen Schlag.

Finden Sie eine persönliche zustimmende, einfache und wertschätzende Aussage zur Bewegung, die Ihr Emotionssystem forciert:

– Okay, diese Angst macht mich achtsam
– Okay, dieser Ärger macht mich kraftvoll
– Okay, diese Enttäuschung lässt mich

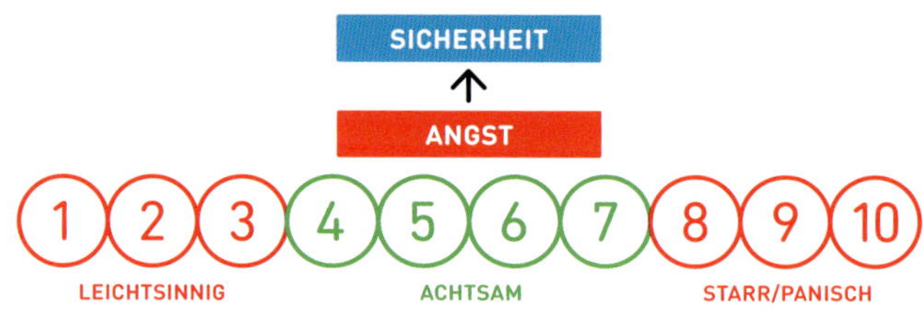

hinschauen, was misslang und nun vorbei ist, damit ich den nächsten Schlag kraftvoll angehen kann.

Planen Sie die nächste Aktion anhand der aus der Emotion abgeleiteten Motivation. Wählen Sie einen sicheren Schlag, regulieren Sie sich in den kraftvollen Bereich oder lassen Sie los. Sind Sie nicht in den funktionalen Bereich zurückgekehrt, benötigen Sie eine stärkere emotionale Regulierung, das Ritual „Regulierung von Emotionen".

BEFREIEN AUS BELASTENDEN SITUATIONEN

Auf dem Golfplatz gibt es viele davon, zu viele, um Sie in einem Buch zu beschreiben. Ein Ball ins Wasser wird bei vielen Ärger und bei einigen Angst hervorrufen. Der Ärger als Weg zur Einflussnahme mag für den nächsten Schlag vielleicht noch eine funktionale Wirkung erzeugen, die Angst wird das Risiko für ein erneutes Scheitern deutlich erhöhen. Mitspieler, die laut reden, wenn man abschlagen will, werden ebenfalls Ärger aktivieren. Ist dieser angemessen, so werden Sie Einfluss nehmen und für Ruhe sorgen, die Sie brauchen. Reicht Ihr Ärger nicht, werden Sie mit der Belastung durch die Störung trotzdem abschlagen. Haben Sie zu viel Ärger, wird Ihre Einflussnahme zu rüde und Sie erzeugen ein neues Problem für sich und die anderen. Wiederholt sich die Situation, kann sich Resignation ausbreiten, die auf Trauer hindeutet und beim Abschlag mit hoher Wahrscheinlichkeit zum Misslingen führen wird.

Ein Ball ins Aus wird großen Ärger aktivieren und wahrscheinlich auch Angst, gerade dann, wenn es eine schwierige Situation auf dem Platz war. Wurde der Schlag ins Aus durch die Störung eines Mitspielers verursacht, haben wir neben dem Ärger wahrscheinlich noch Schuld im Spiel.

Für die Regulierung spielt es im ersten Schritt keine Rolle, wie die belastende Situation entstand. Die Emotionen, die Sie aktiviert haben, sind schon da und wahrscheinlich in einer erhöhten Aktivität.

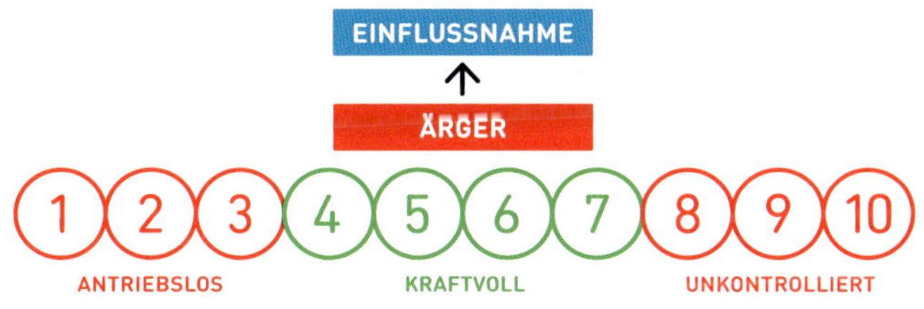

RITUAL UMGANG MIT GEFÜHLEN

Befreien Sie sich mit diesem Ritual aus einfachen belastenden Situationen. Es kann als Beginn einer Sequenz mehrerer Rituale genutzt werden.

1 **Heißen Sie das unangenehme Gefühl willkommen**

2 **Identifizieren Sie es und ordnen Sie dem Gefühl die Emotion zu**

3 **Leiten Sie aus der Emotion die Motivation ab**

4 **Finden Sie eine zustimmende und wertschätzende Aussage**

5 **Planen Sie die nächste Aktion mit der abgeleiteten Motivation**

Verwenden Sie danach das Relax-Ritual, um in die Entspannung zu gehen, oder beginnen Sie das Pre-Shot-Ritual für die nächste Schlagvorbereitung.

Wichtig ist nur die Regulierung in einen funktionalen Bereich, damit die Emotionen zu einer unterstützenden Kraft werden. Dies ist der Schwerpunkt des nächsten Rituals „Regulierung von Emotionen". Für den Umgang mit Gefühlen, den Emotionsgefühlen, ist es bedeutend, um welche Emotionen es sich handelt, damit Sie gezielt agieren können.

Bei einer selbstverursachten Situation wird Ärger aktiviert, damit Sie Einfluss nehmen. Bei einer unverschuldeten Situation forciert das Emotionssystem den Ausgleich. Sie möchten eine Ausgleichsbewegung im Sinne von: tut mir leid oder einer Entschuldigung. Die Forderung nach einer Ausgleichsbewegung wird Ihnen im Turnier oder auf der Runde nicht immer gelingen und schon öffnet sich die Tür für den emotionalen Teufelskreis. Ist der Ärger zu groß, wird der Vorwurf oder die Forderung nach einer Entschuldigung zu deutlich ausgedrückt oder ist unmissverständlich an Ihrer Gestik oder Mimik zu erkennen. Dann kommen zwingend die Scham und Schuld ins Spiel. Für Sie hat sich Ihre Problemlage verdreifacht und sich zusätzlich auf Ihre Mitspieler ausgedehnt. Der Ball ist bereits im Aus, Sie kämpfen mit Ihrer emotionalen Situation und erzeugen die zusätzliche Belastung im Flight, die wieder auf Sie wirkt. Auch wenn

Sie absolut im Recht sind, wird sich das nicht positiv auf Ihr Spiel auswirken.

Die emotionale Logik, die Beschreibung dieser Situationen und ihrer sich gegenseitig beeinflussenden Wirkungsweisen sind komplex. Zum Glück ist eine genaue Analyse nicht notwendig. Auch wenn Sie nicht für das Problem verantwortlich sind, können Sie die Situation mit den Ritualen selbstbestimmt meistern. In schwierigen Situationen wenden Sie einfach die Rituale für belastende Situationen in dieser Reihenfolge an:

1. Umgang mit Gefühlen
2. Regulierung von Emotionen
3. Ressource-Anker

Sind die Emotionen schon hochgekocht, führen Sie die ersten beiden Rituale in umgekehrter Reihenfolge aus. Oft reichen die ersten beiden Rituale aus und der Ressource-Anker ist nicht mehr nötig. Führen Sie den Ressource-Anker nur dann aus, wenn die Emotionen wieder balanciert sind, ansonsten entwerten Sie den Ressource-Anker.

Anschließend sind Sie in einem emotional angemessenen Zustand, um in Ihrem Flight mit einer freundlichen Ansage für die notwendige Achtsamkeit zu sorgen oder sich mit einem kraftvollen entschiedenen Golfschlag aus der Situation zu retten.

Mit dieser Sequenz an Ritualen werden Sie sich aus jeder belastenden Situation auf dem Golfplatz befreien. Der Green Keeper auf dem Grün, die störenden Motorengeräusche des Kompressors, der unachtsame Spaziergänger und alle anderen Situationen sind nur eine erneute Gelegenheit, die Rituale anzuwenden.

WIRKUNG

Dieses Ritual erfordert hohe Achtsamkeit und Disziplin und führt Sie bei wiederholter Übung zu einem entspannten Umgang mit Gefühlen. Anfangs werden die Gefühle weiterhin in der bisherigen Intensität erscheinen. Der zugewandte und wertschätzende Umgang wird die Gefühle auf Dauer schneller abklingen lassen. Mit weiterer Anwendung des Rituals „Umgang mit Gefühlen“ werden Sie lernen, Ihr Emotionsgefühl als Impuls des Emotionssystems zu akzeptieren und wissen, was Sie als nächstes zu tun haben. Erfolg beginnt damit, die eigenen Gefühle zuzulassen, ohne dem Impuls zur Handlung zu folgen. Wenn Sie nicht akzeptieren, was Sie fühlen, können Sie anschließend auch nicht steuern, was Sie tun. Die Akzeptanz führt mehr und mehr zu Gelassenheit und einem Zustand, in dem Sie beginnen, das Golf zu spielen, zu dem Sie fähig sind.

RITUAL REGULIERUNG VON EMOTIONEN – WIE SOUVERÄNITÄT ENTSTEHT

In einer emotional belastenden Situation spielen Sie nicht das Golf, zu dem sie fähig sind. Die entscheidende Frage ist jedoch nicht, wie Sie sich von Ihren Emotionen befreien, sondern welche Emotionen Sie in einer gegebenen Spielsituation brauchen. Erst wenn Sie dies wissen, können Sie Ihre Emotionen mildern oder aktivieren.

Das Problem sind nicht die Emotionen selbst, sie sichern unser Leben. Belastend ist auch nicht das unangenehme Gefühl, das Emotionsgefühl, es macht uns aufmerksam und motiviert uns zum Handeln. Es sind die ausgelösten inneren Prozesse, die maßgeblich unsere Entscheidungen und Handlungen beeinflussen. Ihre Emotionsverarbeitung ist immer aktiv, und wenn Emotionen bewusst werden, geben Sie uns einen Hinweis über die Bedeutung der Situation. Schwierig wird es, wenn die Emotionen Sie in einen Zustand bringen, der für Ihr Golfspiel nicht mehr funktional ist; wenn Sie im unkontrollierten Ärger den Ball über den Platz dreschen oder die Angst einen entschiedenen und kraftvollen Schlag über das Wasser verhindert.

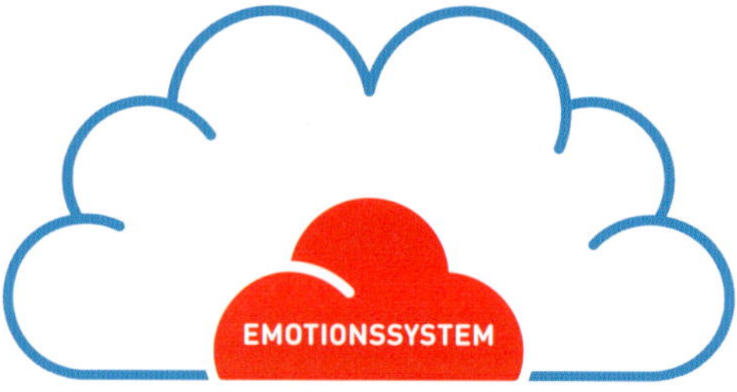

Das Emotionssystem dominiert die inneren Prozesse

Welchen Zustand brauchen Sie nun in den verschiedenen Phasen des Golfspiels? In der Planungsphase sollten Sie maximal achtsam und im Durchschwung maximal kraftvoll sein. Diese Zustände sind die funktionalen Bereiche Ihrer Emotionssteuerung. Haben Sie zu viel Ärger, werden Sie unkontrolliert, und haben Sie zu wenig, sind Sie kraftlos. Zu wenig Angst macht Sie leichtsinnig und zu viel blockiert.

Eine spezifische Situation auf dem Golfplatz erfordert einen dosierten Mix aus funktionalen Zuständen in unserer Emotionsverarbeitung, damit die Emotionen uns und wir den Ball angemessen bewegen. In

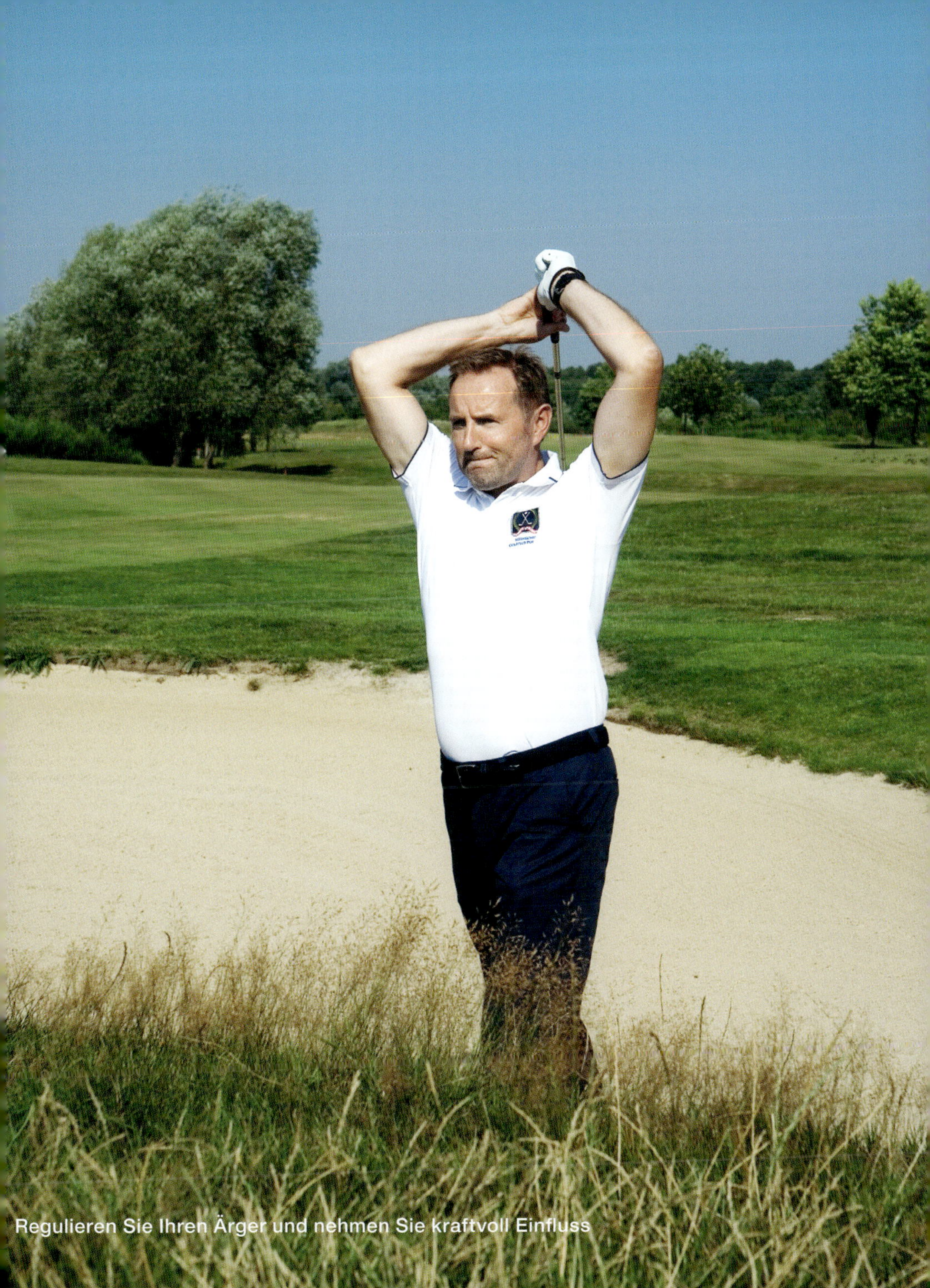

Regulieren Sie Ihren Ärger und nehmen Sie kraftvoll Einfluss

der Planungsphase benötigen Sie maximale funktionale Angst in Form der Achtsamkeit und minimalen funktionalen Ärger. Für einen gelungenen optimalen Schlag ist es genau umgekehrt. Sie brauchen minimale funktionale Angst und maximalen funktionalen Ärger für einen kraftvollen, entschiedenen Durchschwung. Für die Zeit zwischen den Schlägen reduzieren Sie die beiden emotionalen Zustände auf ein funktionales Minimum.

Das klingt alles sehr theoretisch und kompliziert und ist es auch. Die gute Botschaft ist jedoch, unsere Emotionsverarbeitung organisiert dies alles automatisch, dem Bewussten nicht zugänglich. Sie müssen nur dann aktiv werden, wenn Sie sich aus dem funktionalen Bereich herausbewegen. Die generelle Empfehlung, Emotionen zu kontrollieren, herunterzuregulieren, zu balancieren oder zu reduzieren ist nur die halbe Wahrheit. Sie müssen je nach Situation und auch nach persönlicher Disposition die Emotionen aktivieren und regulieren.

Sie haben immer drei Wege, die Sie beschreiten können: vermeiden, regulieren und lösen. Mit den Ritualen, insbesondere dem Putt-Ritual und den Pre- und Post-Shot-Ritual, sorgen Sie dafür, dass Sie nicht in die dysfunktionalen Bereiche abrutschen. Diese Rituale sowie das Relax-Ritual und das Ritual „Umgang mit Gefühlen“ haben schon deutliche Regulierungsanteile. Wenn Sie aber den funktionalen Bereich verlassen haben, brauchen Sie das Ritual „Regulierung von Emotionen“.

Was tun, wenn nach einem misslungenen Bunkerschlag der Ärger anschwillt, nach einem Schlag ins Rough bereits die größte Waffe in Form eines Holz 3 mit verbissenen Zähnen gezogen wird? Regulieren Sie sich mit diesem Ritual auf ein Niveau, das eine Entscheidung für einen angemessenen Schläger erlaubt und Sie anschließend einen entschlossenen und kontrollierten Schlag ausführen lässt.

Bevor Sie in die Planung des nächsten Schlags gehen, führen Sie das Ritual „Umgang mit Gefühlen“ aus. Danach haben Sie die dominierende Emotion mit der dazugehörigen Motivation identifiziert und einen wertschätzenden Umgang gefunden. Aus den Grundlagen wissen Sie, dass der Körper die Bühne der Emotionen ist. So wie die Emotionen sich auf und im Körper ausdrücken, können Sie umgekehrt die Emotionen über den Körper regulieren.

Blicken Sie anschließend geradeaus und drehen Sie Ihre Augen nach oben. Dies dissoziiert Sie vom Gefühl, und eine erste Erleichterung wird sich einstellen. Machen Sie dies mit offenen Augen und benennen

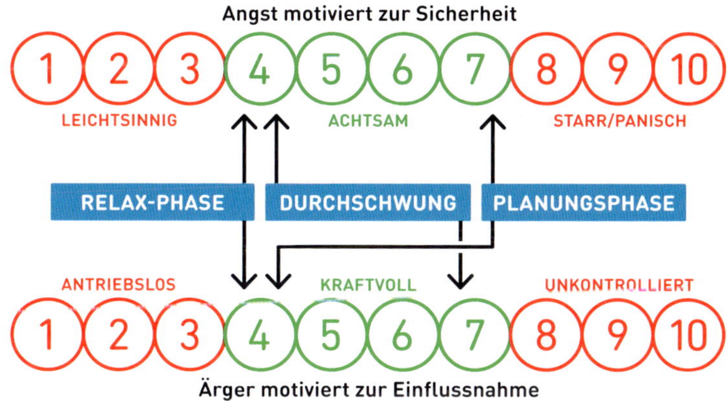

Jede Phase des Golfschlags erfordert unterschiedlich starke Emotionen

Sie bewusst, was Sie sehen mit einem einfachen Begriff wie Himmel, blau, grau.

Dann kommt der zweite und wichtigste Schritt, das Atmen. Atmen Sie aus. Konzentrieren Sie sich zuerst auf die Ausatmung, dann wird das Einatmen früher oder später automatisch aktiviert. Beginnen Sie mit einer tiefen und bewussten Ausatmung. Danach forcieren Sie einen deutlich bewussten Wechsel mit Ein- und Ausatmung. Sehr gut eignet sich die Bauchatmung, die im Yoga gelehrt wird. Legen Sie eine Hand auf Ihren Bauch und atmen Sie gegen den leichten Druck der Hand ein. Nachdem der Bauch sich nach außen gewölbt hat, drücken Sie die Luft mit dem Zwerchfell und der Anspannung Ihrer Bauchmuskulatur aus Ihrer Lunge. Die Lunge hat keine eigene Muskulatur. Sie können mit Ihrer Bauchmuskulatur, den Rippenmuskeln und dem Zwerchfell den Brustkorb bewegen und damit Ihre Lungenaktivität forcieren. Führen Sie mindestens drei bis fünf bewusste Atemzüge durch und gehen Sie in die leicht forcierte und bewusste Atmung über.

Richten Sie Ihren gesamten Körper auf, indem Sie die zentrale Stelle am Scheitel erspüren und sich dann wie an einem Faden gezogen aufrichten. Machen Sie eine leichte, bewusste Wellenbewegung durch die gesamte Wirbelsäule und ziehen Wirbel für Wirbel auseinander. Fühlen Sie die Aufrichtung Ihres gesamten Körpers und wölben leicht Ihre Brust. Versorgen Sie Ihre Lungen durch die bewusste Atmung mit Sauerstoff. Gehen Sie weiter über

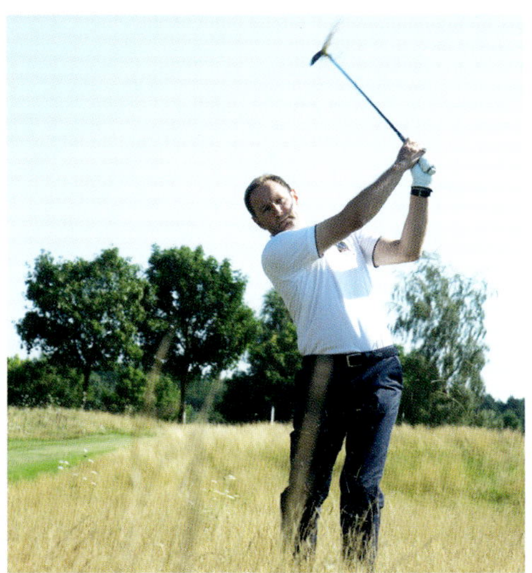

Gehen Sie mit kontrollierter Kraft in den nächsten Schlag

Ihre Beine bis in die Füße und spüren Sie bewusst den Boden unter Ihren Füßen. Benennen Sie ihn mit einer einfachen Beschreibung, so wie er sich gerade anfühlt: weich, hart, steinig, federnd und so weiter.

Lenken Sie nun den Fokus Ihrer Aufmerksamkeit auf Ihr Gesicht. Spüren Sie, wie es sich anfühlt, ohne dies zu kommentieren. Fassen Sie sich im Zweifel sanft ins Gesicht. Erinnern Sie aktiv eine schöne, freudige und angenehme Situation und forcieren Sie ein möglichst entspanntes Lächeln. Bleiben Sie in der Erfahrung des Lächelns und spüren Sie Ihre Gesichtsmuskulatur.

Wenn es die Zeit erlaubt und Sie sich vor dem nächsten Schlag weiter regulieren können, dann aktivieren Sie Ihre Sinnesorgane. Sehen Sie bewusst, was Sie gerade sehen und benennen Sie es mit einem einfachen Wort wie Baum, grün, Stock. Hören Sie bewusst, was Sie gerade hören und benennen Sie dies mit einem Wort wie Wind, Vogelzwitschern, Rasenmäher und so weiter. Spüren Sie Ihren Körper, die Kleidung auf der Haut, den Wind an den Armen, die Finger und benennen Sie dies. Reiben Sie die Finger aneinander und spüren Sie ganz einfach die Reibung. Schmecken Sie, was Sie schmecken, oder phantasieren Sie, wie es schmecken könnte. Nehmen Sie zum Abschluss einen tiefen Atemzug und riechen Sie, was Sie gerade riechen wie Gras, Staub, Landluft und benennen Sie dies anschließend.

JUSTIERUNG DER GRIFFSTÄRKE

Abhängig von der Spielsituation sind Sie bei einem verschobenen Putt oder einem Ball im Aus schon nach wenigen Sekunden wieder an der Reihe. Bei einem verzogenen Drive, der noch im Spiel ist, oder einem weiten Schlag ins Wasser vergehen einige Minuten bis zum nächsten Schlag. Verwenden Sie im Prepare-Schritt der Pre-Shot-Phase die bewusste Justierung der Griffstärke. Dieser

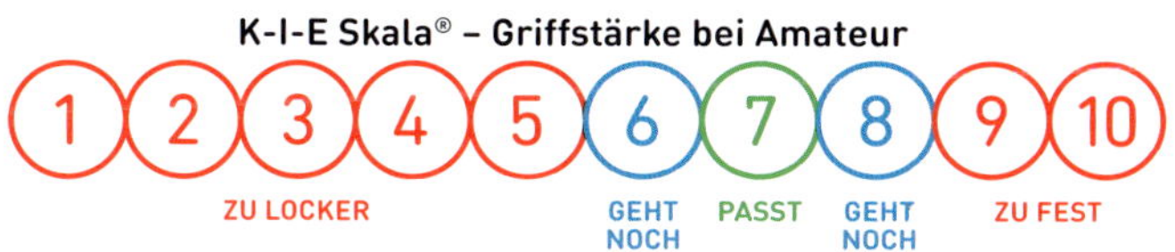

Vorgang führt Sie gezielt in die Achtsamkeit und Sie können gleichzeitig Ihre emotionale Disposition feststellen. Lässt Sie der Ärger noch zu fest zudrücken oder die Angst verkrampfen, so lassen Sie etwas los. Haben die Trauer oder Angst zu einem zu lockeren Griff geführt, greifen Sie entschlossener zu. Dabei wirkt die Trauer meist aus der zusammengesetzten Emotion Enttäuschung.

Nehmen Sie nun den Schläger in die Hand und drücken Sie den Griff so fest wie Sie können. Das ist eine Referenz auf der K-I-E Skala für maximalen Ärger (10) und lassen Sie den Griff anschließend los, bis er Ihnen fast aus den Händen gleitet als Referenz für (1). Erhöhen Sie den Druck wieder, bis Sie eine Referenz für den funktionalen kraftvollen Bereich für sich finden. Bei Amateuren ist dieser meist fester als bei Professionals. Männer haben häufig einen höheren Griffdruck als Frauen. Diese Angaben sind nur eine Orientierung, um Ihren eigenen Komfortbereich zu finden. Bei etwas Übung wird es ausreichen, im Prepare-Schritt den Griffdruck auf der K-I-E Skala um ein bis zwei Zahlen über dem Komfortbereich zu erhöhen. Anschließend lockern Sie die Griffstärke um eine Zahl unter den Komfortbereich, um anschließend genau die gewünschte Griffstärke zu erreichen. Dieser Schritt im Ritual hat eine enorme Wirkung auf Ihre bewusste emotionale Regulierung, unabhängig von den Emotionen. Sie brauchen nicht mehr auf die Emotion zu achten. Wenn der Griffdruck vorher zu locker war, verstärken Sie den Griffdruck, und wenn er zu fest war, lockern Sie ihn. So einfach kann die Regulierung sein, wenn Sie ein Äquivalent, das körperlich zu spüren ist, finden.

PRÜFUNG DER EMOTIONALEN DISPOSITION

Sie haben im Ritual „Umgang mit Gefühlen“ bereits die dysfunktionalen Bereiche „zu viel“ und „zu wenig“ bei den Emotionen Angst, Ärger und Trauer beziehungsweise Enttäuschung kennengelernt. Prüfen Sie mit der K-I-E Skala nach der Regulierung Ihre emotionale Disposition. Sind Sie noch im Bereich „zu wenig“ (1 bis 3) oder „zu viel“ (8 bis 10) oder bereits im funktionalen

RITUAL REGULIERUNG VON EMOTIONEN

Stimmen Sie der Emotion und dem einhergehenden Gefühl zu. Führen Sie vorher, wenn möglich, das Ritual „Umgang mit Gefühlen“ durch und machen Sie sich die dahinterliegende Motivation bewusst. Akzeptieren Sie, was bereits geschehen ist.

1 **Bewegen Sie die Augen bewusst nach oben**

2 **Beginnen Sie mit der bewussten Bauchatmung**

3 **Richten Sie Ihren Körper bewusst auf**

4 **Forcieren Sie ein bewusstes angenehmes Lächeln**

5 **Aktivieren Sie alle Sinneskanäle**

5a **Sehen Sie bewusst und benennen Sie, was Sie sehen**

5b **Hören Sie bewusst und benennen Sie, was Sie hören**

5c **Spüren Sie Ihren Körper und benennen Sie dies**

5d **Schmecken Sie bewusst und benennen Sie, was Sie schmecken**

5e **Riechen Sie bewusst und benennen Sie, was Sie riechen**

6 **Wählen Sie vor Ihrem nächsten Golfschlag bewusst Ihren individuellen Griffdruck**

Wiederholen Sie das Ritual, bis Sie einen souveränen Zustand erreichen und spüren. Das Ritual „Regulierung von Emotionen“ ist komplex und umfangreich und kann nicht in jeder Spielsituation angewendet werden. Zusätzlich hat jeder Golfspieler seine Vorlieben und Abneigungen. Konfektionieren Sie für sich das Ritual, so wie es für Sie am besten wirkt. Erlauben Sie sich, die Schritte auszuwählen, die zu Ihnen passen und wiederholen Sie diejenigen, die eine deutliche

Wirkung zeigen. Leiten Sie anschließend einen Not-Anker ab, den sie anwenden, wenn die Zeit zur Emotionsregulierung vor dem nächsten Schlag begrenzt ist. Dafür nehmen Sie das Kurz-Ritual.

KURZ-RITUAL REGULIERUNG VON EMOTIONEN

1 **Bewegen Sie die Augen bewusst nach oben**

2 **Beginnen Sie mit der bewussten Bauchatmung**

3 **Richten Sie Ihren Körper bewusst auf**

4 **Wählen Sie vor Ihrem nächsten Golfschlag bewusst Ihren individuellen Griffdruck**

Bereich „angemessen"? Lernen Sie mit der Zeit, Ihr emotionales Barometer mit der K-I-E Skala abzurufen. Mit etwas Übung gelingt dies in 300 Millisekunden. Wenn Sie sich im dysfunktionalen Bereich befinden und noch Zeit bis zum nächsten Golfschlag haben, so wiederholen Sie einfach das Ritual, bis Sie in Balance sind. Ist Ihre emotionale Disposition im Prepare-Schritt der Pre-Shot-Phase noch im dysfunktionalen Bereich, so brechen Sie diese ab und machen Sie das Kurz-Ritual.

WIRKUNG

Üben Sie dieses Ritual, wann immer während einer Runde Zeit bleibt. Sie werden es dann schneller und besser abrufen können, wenn Sie es wirklich brauchen. Angst und Ärger sind starke Emotionen, und Sie werden am Anfang vielleicht nicht alle Schritte erinnern. Je mehr Sie üben, desto souveräner werden Sie in der Ausführung Ihres eigenen Rituals „Regulierung von Emotionen". Die Zeit und der Aufwand werden sich bereits nach kurzer Zeit einpendeln, und Sie werden den Erfolg auf Ihrer Score-Karte und an der Entspannung und Freude nach dem Spiel erkennen. So kommen Sie mehr und mehr in einen Zustand mit angemessenen Emotionen, in dem Sie das Golf spielen, zu dem Sie fähig sind.

RITUAL RESSOURCE-ANKER – MIT FREUDE IN DIE SELBSTVERANTWORTUNG

Sie liegen innerlich am Boden, bildlich gesehen. Es regnet. Ihre Schuhe drücken. Ihr Score ist unterirdisch. Ihre Flight-Partner brillieren und bei Ihnen funktioniert gar nichts mehr. Die Putts sind zu lang, zu kurz, und dann noch ausgelippt. Wut und Enttäuschung sind Zustände, die Sie schon durchlebt haben. Jetzt macht sich noch Resignation breit, und Sie können sich nur noch dunkel erinnern, dass Sie diesen Sport irgendwann mal gut fanden.

Doch was tun, wenn schlechte Laune und belastende Erinnerungen Sie herunterziehen? Genau dann, wenn Sie eine unterstützende Erinnerung brauchen, ist keine da, und es fällt Ihnen auch keine passende ein. Der Ressource-Anker erweitert das Repertoire, damit Sie immer einen Weg finden, um sich in einen guten Zustand zu bringen.

Die Basistechnik des Ankerns haben Sie bei den Grundlagen und den verschiedenen Ritualen bereits kennengelernt. Diese Technik wird in diesem Ritual vertieft. In der belastenden Situation fällt Ihnen meist nichts Gutes ein. Genau dann brauchen Sie einen Anker, den Sie bereits vorher aufgebaut haben. Sie bauen in guten Zeiten vor und haben dann zur Verfügung, was Sie in einen unterstützenden Zustand bringt.

GEHEN SIE IN DIE STEUERUNG

Wir wissen nicht, ob Theodore Roosevelt, ehemaliger amerikanischer Präsident und Nobelpreisträger, mit der Weisheit „Tu was du kannst, mit dem, was du hast, wo immer du bist“ den Ressource-Anker meinte. Die Idee dahinter ist jedoch deutlich: die Emanzipation, als menschliches Wesen selbst zu steuern und zu tun, was in unserer Macht steht, um sich nicht als Opfer zu fühlen. So werden Sie Stück für Stück unabhängig von äußeren Erfahrungen und Einwirkungen. Sie organisieren Ihre Erfahrungen selbst, haben Zugang zu Ihren Ressourcen, die stark genug sind und Ihnen genau dann zur Verfügung stehen, wenn Sie diese benötigen.

Um punktgenau Zustände wiederzuerleben, bedarf es eines gezielten abrufba-

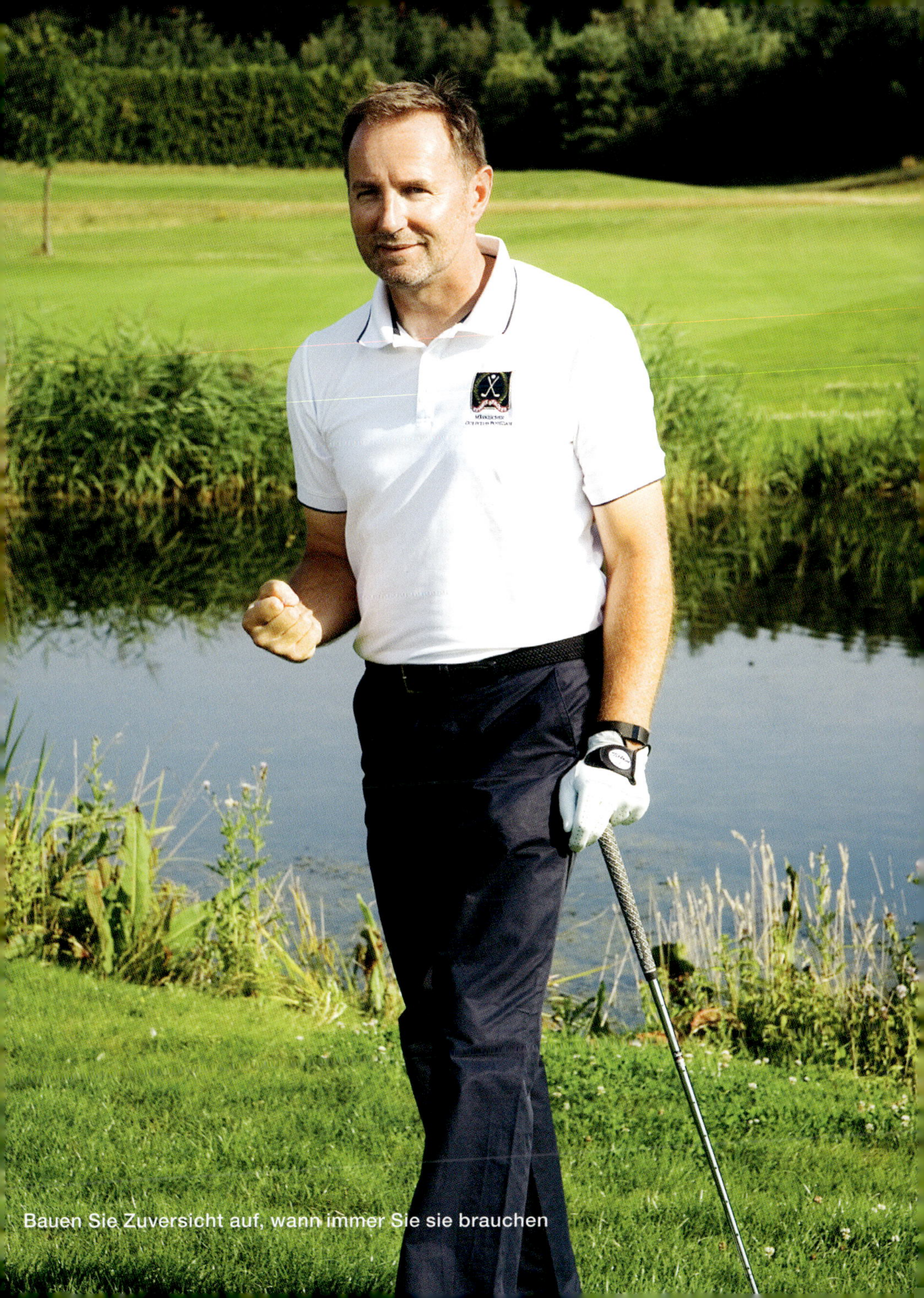

Bauen Sie Zuversicht auf, wann immer Sie sie brauchen

ren Auslösers (Anker) und des ausgelösten Zustands (geankerter Zustand). Diesen Zustand müssen Sie schon einmal erlebt haben, und er muss Ihnen bewusst sein. Sie können dann diese Zustände, in denen Sie Ihre besten Leistungen vollbringen, willentlich „einschalten".

AUFBAU DES RESSOURCE-ANKERS

Für den Aufbau eines Ressource-Ankers wählen Sie eine ressourcevolle Erinnerung, verstärken diese und verbinden sie mit einem unverkennbaren Reiz, dem Anker. So wird eine neurologische Verknüpfung zwischen Zustand und Anker hergestellt. Nach einigen Wiederholungen wird der Anker allein den inneren Zustand auslösen. Um Selbstvertrauen zu ankern, erinnern Sie sich an eine Situation, in der Sie mit Selbstvertrauen erfüllt waren. Durchleben Sie in Ihrer Vorstellung diese Situation voll und intensiv. Wenn Sie dieses Selbstvertrauen maximal erleben und im ganzen Körper spüren, dann setzen Sie einen Anker, ein Wort, das Sie sich innerlich vorsprechen. Nach einigen Wiederholungen wird das Wort wie durch Knopfdruck das Gefühl des Selbstvertrauens wieder auslösen.

Erinnern Sie sich an drei Situationen, in denen Sie freudig, leicht und entspannt waren und Zugang zu Ihren Fähigkeiten hatten. Bevorzugen Sie eine Situation, die Sie als souveräner Golfspieler erlebten. Stellen Sie sich die drei Situationen möglichst konkret vor. Wählen Sie dann die intensivste der drei aus. Wenn Sie keine Erinnerung oder Situation finden, erfinden Sie einfach eine erfüllende Situation, verdichten Sie sie in einem Wort und schreiben Sie dieses auf.

Jetzt brauchen Sie die genaue Uhrzeit und den genauen Ort. Waren Sie allein oder waren noch andere Personen dabei? Erinnern Sie sich so konkret, wie es möglich ist. Schreiben Sie die Details auf, dann können Sie jederzeit auf Ihre Notizen zurückgreifen.

STIMULIEREN SIE IHRE VORSTELLUNGSKRAFT

Im nächsten Schritt versetzen Sie sich in diese Situation. Nehmen Sie die Körperposition und Haltung dieser freudigen und entspannten Situation ein. Stellen Sie das möglichst real nach oder stellen Sie sich vor, Sie wären in dieser Situation. Achten Sie hier auf Ihre Mimik und Ihre Gesichtszüge. Atmen Sie auf die gleiche Art und Weise, wie Sie damals geatmet haben. Nun folgt das assoziierte Erleben.

– Erinnern Sie sich, was Sie gesehen haben. Und beantworten Sie die Frage: Was haben Sie gesehen? (visuell)

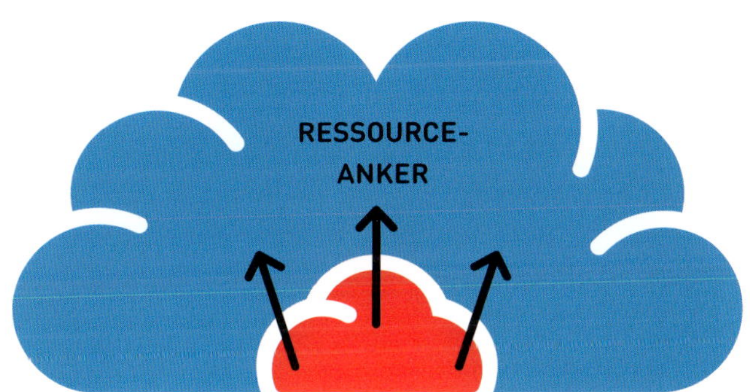

Der aufgebaute Anker löst einen Zustand der Stärke aus

– Erinnern Sie sich, was Sie in dieser Situation gehört haben. Was haben Sie gehört? (auditiv)
– Erinnern Sie sich an Ihr Gefühl. Was haben Sie gespürt? Wie war die Temperatur? Wie hat sich Ihr Körper angefühlt? (Körper)
– Erinnern Sie sich, was Sie gerochen haben. Welche Gerüche waren es? (olfaktorisch)
– Erinnern Sie sich, was Sie geschmeckt haben. Welcher Geschmack war es? Wenn keine Erinnerung da ist, stellen Sie sich vor, wie es gewesen sein könnte. (gustatorisch)

VERSTÄRKEN SIE DEN ANKER MIT ALLEN SINNEN

Sollten Sie den Faden beim Aufbau des Ressource-Ankers verlieren, kein Problem, fangen Sie einfach wieder von vorne an. Machen Sie sich Notizen, damit Sie alle Details erinnern und einen möglichst guten Anker bekommen. Verstärken Sie den Anker durch weiteres assoziiertes Erleben. Verstärken Sie Ihr Erleben mit allen Sinnen. Intensivieren Sie Ihre Erinnerung mit folgenden Fragen.
– Über welche Fähigkeiten verfügten Sie, um so leicht, freudig und entspannt zu sein?
– Was glauben Sie über sich selbst, wenn Sie so leicht, freudig und entspannt sind?
– Welche Ihrer Werte lebten Sie, als Sie so leicht, freudig und entspannt waren?
– Wer sind Sie, wenn Sie so leicht, freudig und entspannt sind?
– Welchen Sinn hat es, so leicht, freudig und entspannt zu sein?

Verstärken Sie so Ihr Erleben und intensivieren Sie Ihre Erinnerung im Schnelldurchgang. Durch die aufbereitete

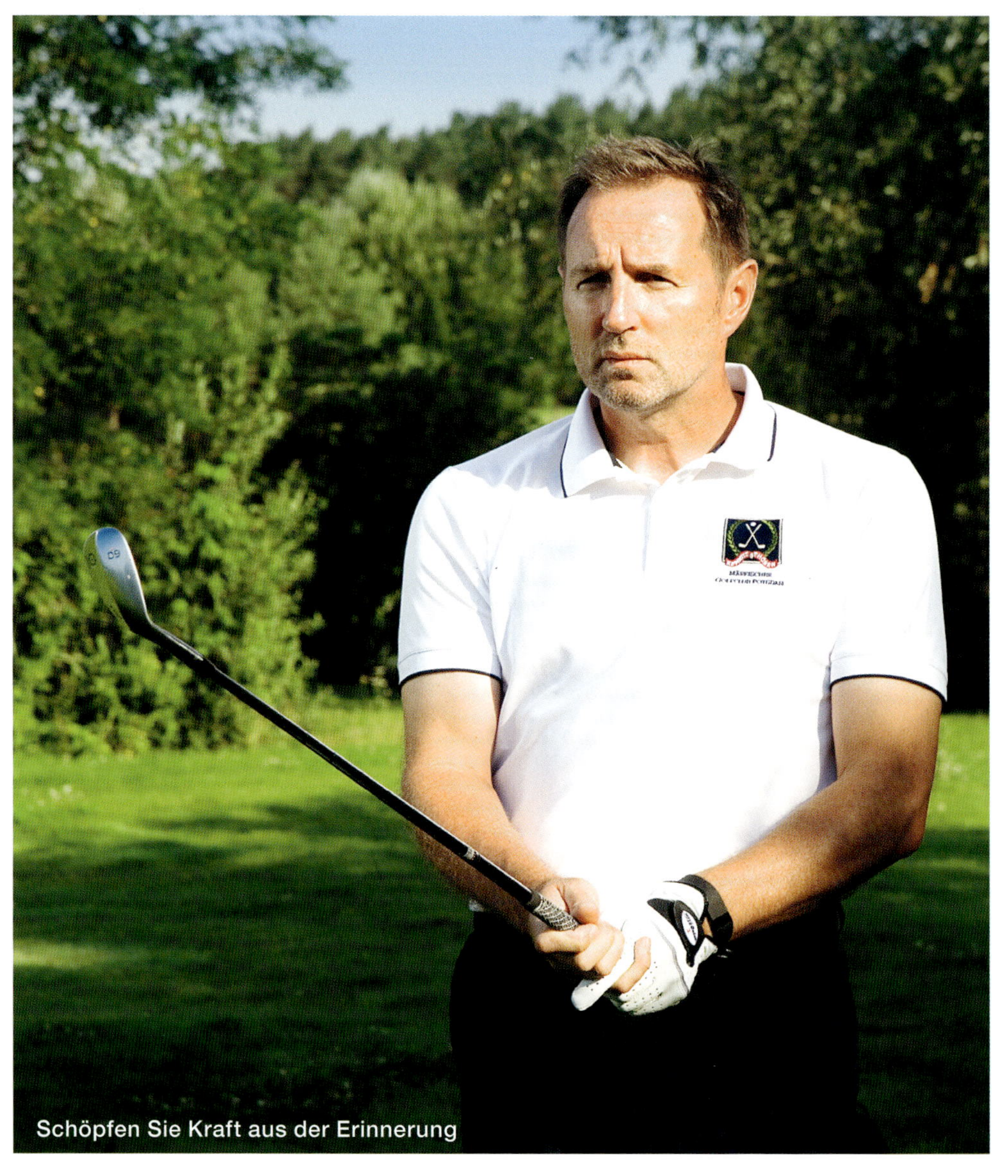

Schöpfen Sie Kraft aus der Erinnerung

Erinnerung verknüpfen Sie den gefühlten ressourcevollen Zustand mit einem Anker. Diesen Anker können Sie nur im intensiv erlebten Zustand finden. Das kann ein Wort, ein Symbol, ein Bild oder eine Metapher sein. Geben Sie sich Zeit, Sie werden etwas finden. Wenn es Ihnen nicht gefällt, warten Sie weiter und nehmen das, was Ihnen als nächstes einfällt. Wichtig ist, sich für einen Anker zu entscheiden und die Situation festzuhalten, die Sie in einen leichten, freudigen und entspannten Zustand versetzt hat. Wiederholen Sie diesen Vorgang bis zu sieben Mal, indem Sie sich in den bereits aufgebauten Zustand versetzen und danach den gewählten Anker erinnern. Das ist alles. Ihr Anker ist aufgebaut, und Sie können ihn ab jetzt benutzen.

DEN RESSOURCE-ANKER NUTZEN

Nun haben Sie Ihren eigenen Ressource-Anker. Er ist immer bei Ihnen und Sie können ihn jederzeit auslösen, wann immer Sie möchten und wann immer Sie ihn brauchen.

Anker verstärken sich und werden stabiler, wenn Sie tatsächlich in den ressourcevollen Zustand kommen. Sie entwerten den Anker leider auch, wenn Sie nicht in den Zustand kommen, beziehungsweise ihn mit störenden Erinnerungen und Zweifeln belasten. Aber das können Sie in den Griff bekommen. Sie vermeiden die Entwertung, indem Sie sich mit den Ritualen „Umgang mit Gefühlen“ und „Emotionsregulierung“ vorher in einen balancierten Zustand versetzen. Lösen Sie erst danach den Ressource-Anker aus. Damit steigen die Chancen ungemein, dass der Anker seine Wirkung sicher entfaltet.

Ein Anker lässt sich auch auffrischen. Sie müssen nur den Aufbau des Ankers wiederholen. Das können Sie beliebig oft wiederholen. Sollte sich der Anker tatsächlich auf Dauer abgenutzt haben, so bauen Sie sich einen neuen auf. Und wenn Sie in der Zwischenzeit einige ressourcevolle und begeisternde Situationen erlebt haben, können Sie diese verwenden.

Die Ankertechnik ist eine wunderbare Sache. Die Anker lassen sich beliebig oft benutzen, auffrischen und auch neu aufbauen. Sie sind das natürliche Rüstzeug unserer Neurologie, das wir nur bewusst nutzen müssen.

RITUAL RESSOURCE-ANKER

Wann immer Sie während einer Golfrunde in einen unerwünschten mentalen Zustand kommen, aktivieren Sie sich mit Ihrem Ressource-Anker für einen leichten, freudigen und entspannten Zustand.

AUFBAU DES RESSOURCE-ANKERS

1 **Wählen Sie eine spezifische ressourcevolle Situation**

2 **Erinnern Sie genaue Uhrzeit, Ort und beteiligte Personen**

3 **Nehmen Sie die damalige Körperposition ein**

4 **Nehmen Sie die damalige Mimik und Atmung ein**

5 **Versetzen Sie sich assoziiert in die Situation und verstärken Sie alle Sinneskanäle:**

5a **Sehen Sie, was Sie sahen**

5b **Hören Sie, was Sie hörten**

5c **Fühlen Sie, was Sie fühlten**

5d **Riechen Sie, was Sie rochen**

5e **Schmecken Sie, was Sie schmeckten**

6 **Erinnern Sie, was Ihnen geholfen hat, die Situation zu meistern**

6a **Über welche Fähigkeiten verfügten Sie?**

6b **Welche Werte lebten Sie, indem Sie die Situation meisterten?**

6c **Wer sind Sie in dieser Situation?**

6d **Mit welchem Sinn erfüllte Sie das Geschehene?**

DEN RESSOURCE-ANKER NUTZEN

1 **Balancieren Sie zuerst Ihre Gefühle und Emotionen mit den Ritualen „Umgang mit Gefühlen" und „Regulierung von Emotionen"**

2 **Sprechen Sie den auslösenden Anker aus**

3 **Bauen Sie die Sequenz der ressourcevollen Erinnerung auf**

4 **Verstärken Sie den ressourcevollen Zustand**

Diese Art und Weise, einen Ressource-Anker aufzubauen, gehört zum Grundrepertoire im professionellen Coaching. Durch Wiederholung des Zustands installieren Sie den Anker, festigen die Verankerung und polieren einen bestehenden Anker immer wieder auf.

WIRKUNG

Emotionen und die daraus resultierenden Gefühle sind letztendlich stärker und archaischer als mentale Zustände. Emotionen können auf Dauer mit dem Ressource-Anker nicht verändert werden. Jedoch kommen Sie durch dieses Ritual in einen besseren Zustand. Dadurch machen Sie Erfahrungen, die wiederum die Emotionen über einen längeren Zeitraum gesehen positiv beeinflussen. Um in einen ressourcevollen Zustand zu kommen, sollten Sie sich mit den Ritualen „Umgang mit Gefühlen" und „Regulierung von Emotionen" immer zuerst um Ihre Gefühle, dann um Ihre Emotionen kümmern. Erst danach wirkt der Ressource-Anker und kann seine Kraft voll entfalten.

Sie kommen dann in die Selbstverantwortung und in die Selbststeuerung. Sie befreien sich aus der Opferhaltung und tun das, was in Ihrer Macht steht. Sie haben Zugang zu Ihren Ressourcen, die stark genug sind und Ihnen genau dann zur Verfügung stehen, wenn Sie sie benötigen. Sie werden unabhängig von äußeren Einwirkungen und organisieren Ihre Erfahrungen selbst. Sie spielen das Golf, zu dem Sie fähig sind, oder tun das, was Sie dabei unterstützt

RITUAL SICHER ENTSCHEIDEN – OHNE GEHT'S NICHT

Sicherheit und Entschlossenheit sind für einen entschiedenen, kraftvollen Golfschlag der wichtigste Erfolgsfaktor. Nur, wie erreichen wir diesen Zustand und wie trainieren wir ihn? Wie können wir ihn jederzeit abrufen, gerade dann, wenn wir uns unsicher fühlen und unentschlossen sind? Die unter Golfspielern viel zitierte Confidence ist mehr, als eine sichere Entscheidung treffen zu können. Sie hängt nicht nur von Ihren golftechnischen Fähigkeiten ab, sondern auch davon, wieweit Sie das Ziel angemessen definiert haben.

Weiterhin gibt es eine Reihe von Einflussfaktoren, die Ihre Entscheidung beeinflussen: Ihr momentaner mentaler und emotionaler Zustand, Ihr Körperzustand im Sinne von Kraft, Energie, aber auch von Anspannung und Entspannung, die aktuell herrschende Situation auf dem Platz, das Wetter, der Platzzustand, Ihre Mitspieler und nicht zuletzt, wie gut Sie gegessen und wie gut Sie in der Nacht geschlafen haben. Alle Einflussfaktoren sind kaum aufzuzählen und die Möglichkeiten, diese zu beeinflussen, sind nahezu unbegrenzt.

Die wichtigste Zutat für Entschlossenheit, Vertrauen und Zuversicht sind jedoch Ihre selbst getroffenen Entscheidungen. Ohne eine sichere Entscheidung werden Sie Confidence nie erreichen. Nun kennen Sie das immerwährende Dilemma mit dem Bauchgefühl. Folgen wir diesem, geht's schief; folgen wir ihm nicht, geht's auch schief. Sie wissen, dass es manchmal gutgeht, wenn Sie auf das Bauchgefühl achten. Sie wissen auch, dass es manchmal schiefgeht, wenn Sie der Intuition folgen. Beide Male scheint der Ausgang ungewiss. Wie müssen Sie nun Ihren ganz individuellen Entscheidungsprozess organisieren, damit Sie Ihre Intuition zu einer sicheren Entscheidung mit Zuversicht und Selbstvertrauen führt?

Was tun Sie beispielsweise, wenn Ihnen Ihr erster Impuls sagt, das Grün direkt anzugreifen? Was tun Sie, wenn Sie nach einem misslungenen Bunkerschlag nur noch verbissener zuschlagen möchten? Was tun, wenn es heute bisher gut lief und Sie am letzten Loch etwas riskie-

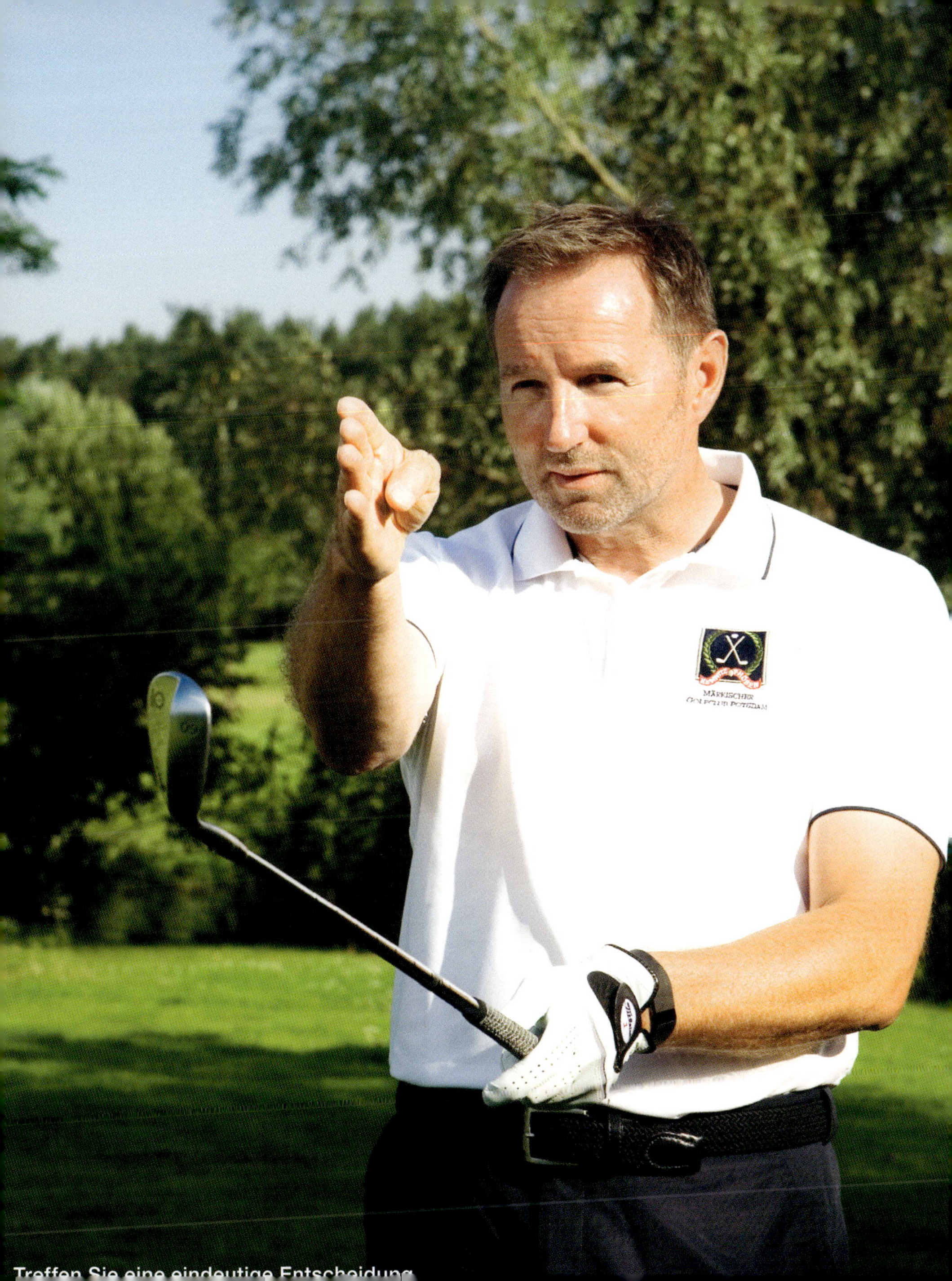

Treffen Sie eine eindeutige Entscheidung

ren müssen, um Ihr Ziel zu erreichen? Sie halten ein, atmen durch und synchronisieren mit dem Ritual „Sicher entscheiden" Ihr Emotions- und Kognitionssystem, indem Sie Ihre Intuition und Ihre kognitive Entscheidung in eine sinnvolle und sichere Reihenfolge bringen.

Confidence, die Synthese aus Entschlossenheit, Vertrauen und Zuversicht, gibt es nur mit Übung und zwar nur mit der richtigen Übung. Nur wenn Sie das Richtige richtig trainieren, stellt sich der Erfolg ein. Das Richtige ist eine bewusste Integration Ihrer beiden Entscheidungssysteme, die Sie in ein klares Ritual einbetten. Ungeübt haben Sie zwei grundlegende Wege: Sie können Ihrer Intuition folgen oder Sie können eine bewusste Entscheidung treffen.

FINDEN SIE ZUGANG ZUR INTUITION

Folgen Sie ausschließlich Ihrer Intuition, wenn Sie sich nicht mit Ihren inneren Prozessen auseinandersetzen wollen, anstatt gegen sie zu arbeiten. Denn die Intuition ist die Summe aller Erfahrungen. Die Intuition bewusst zu ignorieren, wird auf Dauer kein gutes Golf zur Folge haben. Sie werden mit der Intuition gute Erfolge haben, solange Sie sich im emotional grünen Bereich bewegen und über hinreichendes golferisches Expertenwissen verfügen. Dafür brauchen Sie nur einen guten Zugang zu Ihrer Intuition und zu Ihrem emotionalen Zustand. Bewegt sich aber Ihre emotionale Erregung über oder unter Ihrer Toleranzgrenze oder fehlt Ihnen die Erfahrung, führt dieser Weg ins Desaster. In einfachen Worten: sind Sie Golf Profes-

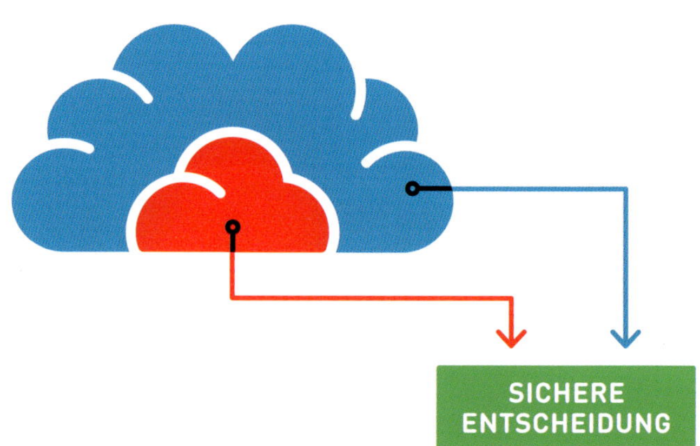

Der Kern des gelungenen Golfschwungs ist die sichere Entscheidung

sional, können Sie aus der Intuition heraus spielen. Als Amateur und weniger erfahrener Spieler wird das keine guten Ergebnisse zeigen. So kurios es klingt, Sie müssen sich den Zugang zu Ihrer Intuition erarbeiten. Studien haben das nachgewiesen. Golf Professionals wurden besser und Amateure wurden schlechter, wenn man ihnen eine begrenzte Zeit zum Putten gab. Durch die kurze Zeit mussten die Profis sich auf die Intuition verlassen und mit wenigen Informationen aus dem Kognitionssystem begnügen. Überraschend war, dass die Profis schlechter und die Amateure besser wurden, wenn Sie beliebig viel Zeit bekamen. Die Amateure konnten die mangelnde Erfahrung durch bewusstes Nachdenken verbessern.

„Confidence ist der wichtigste einzelne Faktor in diesem Spiel, und egal, wie groß Ihr natürliches Talent ist, es gibt nur einen Weg, um es zu entfalten und zu erhalten: Arbeit", sagte einmal Jack Nicklaus, der 18-fache Major-Sieger und wohl erfolgreichste Spieler aller Zeiten. Seine Erfahrung beschreibt seinen Weg zum Erfolg. Zugleich ist es eine Beschreibung davon, wie Lernen und Entwicklung, ausgerichtet an unserer Neuroarchitektur, funktioniert.

Erfolg ist nicht nur Talenten wie Jack Nicklaus vorbehalten. Wir alle lernen über Erfahrungen, die das emotionale Erfahrungsgedächtnis bilden. Eine sichere Entscheidung für ein Ziel, eine gelungene Ausführung des Golfschlags und das Erleben des Gelingens führen zum Lernen. Die Erfolgssequenz aus Entscheiden, Ausführen und Gelingen ist das, was Sie auf der Driving Range und dem Golfplatz üben sollten. Das ist die Arbeit, von der Jack Nicklaus sprach. Ein Übungsweltmeister wird erst dann zum souveränen Spieler, wenn er Erfahrungen auf dem Platz und unter Wettkampfbedingungen macht.

CONFIDENCE MIT DER K-I-E SKALA HERSTELLEN

Bevor Sie sich entscheiden, Confidence in Ihr Golfspiel zu integrieren, sollten Sie sich bewusst machen, dass Sie diese nicht sofort erreichen können, sondern es eine Annäherungsphase erfordert, ansonsten führt der Versuch zu Unsicherheit, dem Gegenteil. Viele Golfspieler werden unsicher, weil sie mit zu wenigen Informationen oder mit zu vielen Informationen eine Entscheidung fällen wollen. Sei es nun, dass sie zu wenig Zeit dafür haben, die Erfahrung fehlt, um diese in einen sinnvollen Zusammenhang zu bringen, oder die Fähigkeit, um eine Strategie umzusetzen. Mit nur einer Blickrichtung zur Fahne wird keine sichere Putt-Line erstellt, dafür braucht es mehrere Einschätzungen: von hinten, von vorne, den Seiten und auf die Region um das Loch. Für den Tour Pro mag es gut sein zu wissen, dass der Wind aus 162 Grad Süd-Süd-Ost mit 14,2 Metern pro Sekunde weht. Dies in eine sinnvolle Zielplanung einzuordnen, erfordert eine hohe Spielstärke und Spielstrategie. Auch einen Schlag mit einem Fade zu planen, ist nur dann sinnvoll, wenn Sie diesen präzise ausführen können.

Der Umgang mit der Menge an Informationen ist der Spielstärke anzupassen. Genauso verhält es sich mit der Confidence selbst. Sie sollten diese schrittweise anstreben und nicht sofort die absolut einhundertprozentige Confidence erarbeiten. Ihre Spielstärke in Planung und Umsetzung, die gegebene Situation auf dem Platz, die ermittelbaren Informationen und Ihre mental-emotionale Disposition setzen natürliche Grenzen.

Um das Ziel Confidence erreichen zu können, ist eine Bewertung des momentanen Zustands zwingend Voraussetzung. Auch hier brauchen wir eine höhere Differenzierung als nur ja oder nein. Wir wissen sehr wohl, was gut ist, ohne zu wissen, was besser ist. Mit der K-I-E Skala gelingt die Einordnung mühelos. Streben Sie Ihre Confidence an. Geben Sie sich mit dem zufrieden, was Sie in der momentanen Situation erreichen können: Amateur (8), Semi-Professional (9) und Professional (10). Auch wenn es wenig logisch erscheint, ist eine volle Zustimmung zu einer Confidence von 8 weit erfolgversprechender als ein Zweifel an der Confidence 10.

Wollen Sie eine bewusste Entscheidung treffen, so wissen Sie aus dem K-I-E Konzept, dass es ohne Integration der Intuition keine sichere Entscheidung gibt. Die Intuition ist immer beteiligt, ob Sie es

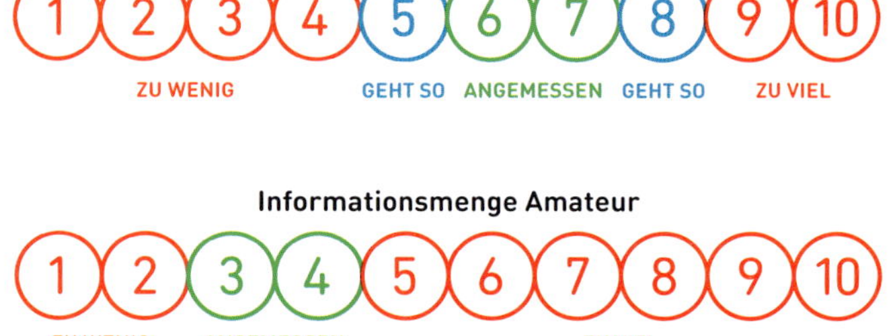

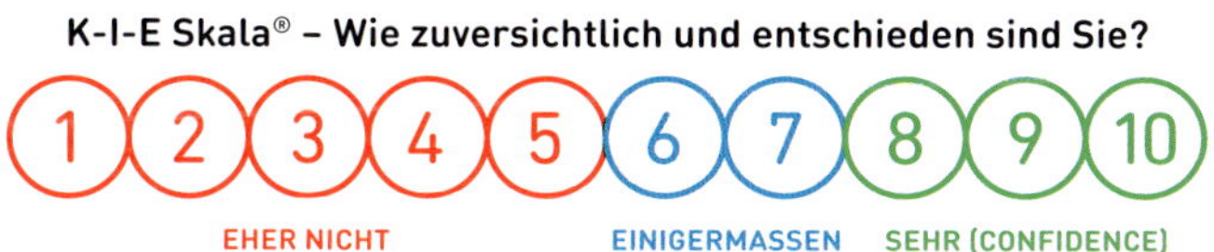

wollen oder nicht. Bewusst zu entscheiden bedeutet, die Intuition mit zu berücksichtigen.

Die Intuition zu ignorieren würde bedeuten, der Entscheidung die Entschlossenheit zu nehmen. Das Ritual „Sicher entscheiden" bettet die K-I-E Entscheidungsstrategie mit den Spezifika des Golfspiels in ein klares, wiederholbares Ritual ein. Im Pre-Shot-Ritual der Plan-Phase ist sie die Grundlage für alle Schläge: den Drive, die Transportschläge, die Schläge ins Grün, die Annäherungsschläge und vor allem für die Putts. Dies gilt natürlich auch für alle anderen Entscheidungssituationen, für das Ausziehen des Handschuhs, für die Diskussion, die Sie mit dem Flight-Partner führen, oder wann Sie wie viel trinken und vieles andere mehr.

Sie harmonisieren Ihre beiden Entscheidungssysteme – die Emotion und die Kognition –, indem Sie diese in eine klare, fest ritualisierte Reihenfolge bringen. Mit dem Ritual „Sicher entscheiden" nehmen Sie die Intuition an, so wie sie erscheint. Denn das Emotionssystem hat bereits entschieden. Jeder Versuch, die Intuition wegzudrücken, zu ignorieren oder rückgängig machen zu wollen, wird scheitern. Der einzige Weg besteht darin, die getroffene Wahl zu akzeptieren, also das bereits Geschehene einfach zuzulassen. Auch wenn es verkehrt klingt und sich zuweilen falsch anfühlt: wenn Sie zustimmen, können Sie sich später anders entscheiden.

HABEN SIE MUT ZUR BESCHRÄNKUNG

Beginnen Sie bewusst darüber nachzudenken, was gut für den nächsten Schlag wäre. Benutzen Sie Ihr Kognitionssystem und fällen Sie eine bewusste Entscheidung. Planen Sie bewusst, losgelöst von Ihrem Emotionssystem. Ziehen Sie dafür nur die Parameter heran, die Sie aus Erfahrung verarbeiten können. Nehmen Sie zu viele, wird es Sie verwirren. Haben Sie den Mut, nur wenige oder nur ein Merkmal, beispielsweise die Länge, zu nehmen.

Benutzen Sie zum Abschluss Ihre Intuition bewusst. Forcieren Sie eine sichere Entscheidung und lassen Sie die vorherigen Entscheidungen in eine finale Entscheidung einfließen. Es ist nicht so, dass Sie eine Wahl zwischen den beiden Plänen treffen, vielmehr sind diese der Input für das Emotionssystem, das nun eine sichere Entscheidung vorgibt. Folgen Sie dieser mit Entschlossenheit für die finale Entscheidung. Bestätigen Sie sie mit einem klaren Kommando. Die eigene Rückmeldung auf das innerlich gesprochene Kommando gibt Ihnen einen Hinweis, wie sicher Ihre Entscheidung gefestigt ist. Fühlen Sie sich unsicher, so wiederholen Sie den Zyklus, bis Sie sicher sind und das abschließende Kommando entschlossen und sicher aussprechen können.

Für die Auswahl der Alternativen, Intuition oder bewusste Entscheidung, ist es wichtig, in welchem emotionalen Zustand Sie sich befinden und wie ausgereift Ihre Spielerfahrung ist. Ist Ihr emotionaler Zustand nicht im funktionalen Bereich, so liefert die Intuition kein befriedigendes Ergebnis. Der mit Entschlossenheit, vielleicht schon Verbissenheit ausgeführte vierte zu kurze Bunkerschlag zeugt davon.

Nur wenn Ihre Spielerfahrung hoch ist und Sie sich zusätzlich in einem emotional angemessenen Zustand befinden, ist die Intuition allein eine angemessene Wahl. Egal, welche Alternative Sie wählen, die Intuition ist immer dabei. Da jeder, Profi wie Amateur, auf der Golfrunde in eine emotional bewegende Situation kommen kann, bleibt im Zweifel nur die Alternative der K-I-E Entscheidungsstrategie.

Im Ritual „Pre- und Post-Shot“ wird beschrieben, welche Phasen zu einem Golfschwung gehören. Eine sichere Entscheidung brauchen Sie in der Planungsphase, in der Sie das Ziel ermitteln und in eine Strategie umsetzen, die der Situation, Ihren Fähigkeiten und dem mentalen und emotionalen Zustand genügen. Die Planungsphase besteht aus drei Schritten, in denen die dazugehörigen Pläne entstehen und zu einem finalen Plan reifen.

- UAI-Plan: der Plan der unaufgeforderten Intuition
- K-Plan: der mit der Kognition bewusst erstellte Plan
- AI-Plan: Die aufgeforderte Intuition führt den UAI-Plan und den K-Plan zusammen

UAI-PLAN

Der erste Schritt der Planungsphase geschah bereits, als Sie zum Abschlag kamen und die Bahn mit Ihren Gegebenheiten wahrgenommen haben. Sie geschah nach einem Schlag, als Sie zu Ihrem Ball gingen und ihn erkannten. Meist geschah sie bereits zu einem Zeitpunkt, an dem der Ball zur Ruhe kam oder Sie sich vorstellten, wo

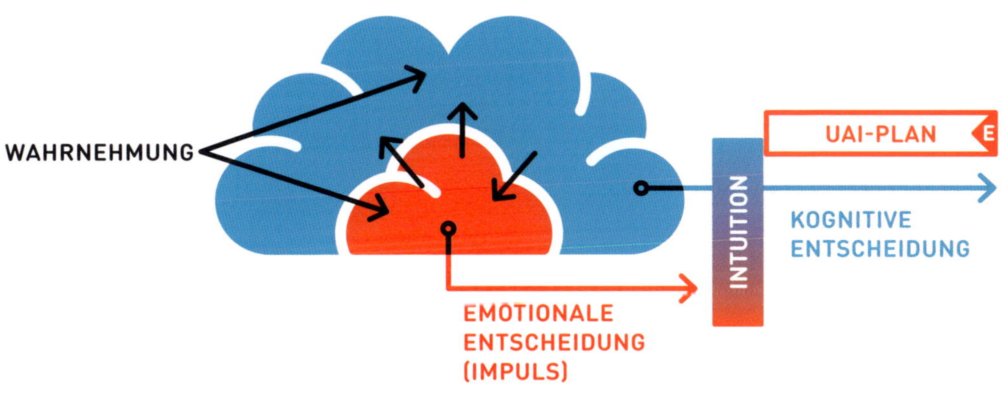

Die Intuition liefert sofort einen Impuls

dieser zum Liegen kommen würde. Ihre unaufgeforderte Intuition hat den ersten Plan (UAI-Plan) bereits nach etwa 300 Millisekunden abgeschlossen, den Ball-Flug berechnet, den passenden Schläger ausgewählt und damit den UAI-Plan erstellt. Alle erfahrenen Golfspieler kennen die Situation, dass Sie intuitiv zu einem bestimmten Eisen greifen oder meist schon in der Hand halten, ohne die bewusste Planung gemacht zu haben. Leider ist diese Wahl nicht immer richtig; gleichzeitig gilt, wenn Sie der Intuition nicht folgen, geht es auch schief. Das Ritual „Sicher entscheiden" löst dieses Dilemma auf.

Zweifeln Sie nicht an der Richtigkeit des UAI-Plans. Akzeptieren Sie diesen als etwas, mit dem die Planung beginnt. Bewerten Sie diesen mit der K-I-E Skala und bestätigen Sie den UAI-Plan mit dem Kommando „gut".

K-PLAN

Der erste UAI-Plan wird nun durch die kognitive Planung bestätigt oder weiter verfeinert zum K-Plan. Starten Sie die kognitive Planungsphase mit einem Beginn-Anker. Wir empfehlen das Wort „plan". Versetzen Sie sich nun in einen inneren Zustand von Klarheit und Zuversicht. Nehmen Sie die Informationen über die Lage des Balls, den Stand, den Wind, die Distanz, die Sie überwinden wollen, und alle oben beschriebenen Informationen im Hier & Jetzt auf. Fokussieren Sie sich auf die Zukunft. Wählen Sie anschließend den Schläger, mit dem Sie die gewünschte Distanz bewältigen. Visualisieren Sie mit diesen Informationen

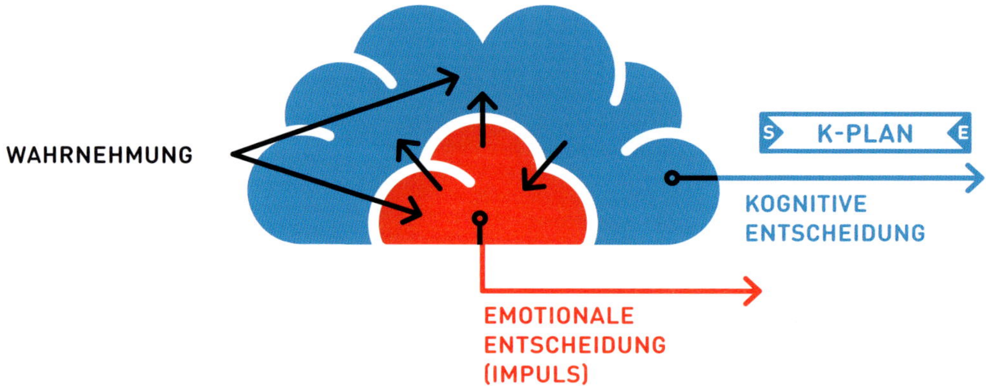

Mit der Kognition wird ein bewusster Plan erstellt

den Flug des Balls, den Landepunkt und wie der Ball ausrollt und entscheiden Sie sich für den K-Plan. Beachten Sie dabei, dass Sie nicht zu viel oder zu wenig Informationen verwenden. Ein Anfänger wird durch zu viel Informationen verwirrt und ein Profi wird mit zu wenigen Informationen sein Potenzial nicht ausschöpfen. Das ist, was Golf so komplex macht. Es gibt keine feste Regel, die Anzahl der Informationen hängt primär von der Spielstärke ab. Bewerten Sie den K-Plan mit der K-I-E Skala und bestätigen Sie diesen mit dem Ende-Anker „okay".

AI-PLAN

Die Planungsphase wird mit der aufgeforderten Intuition, dem AI-Plan, beendet. Sie prüfen, wie weit die Intuition, der UAI-Plan, mit Ihrer kognitiven Analyse, dem K-Plan, übereinstimmt. Falls das Ergebnis nicht befriedigend ist, nehmen Sie beide Pläne als Input und integrieren sie in einen finalen Plan, den AI-Plan.

Wenn die Intuition Sie zu Eisen 8 greifen ließ und die kognitive Planung mit der tatsächlichen Distanz ein Eisen 7 verlangt, prüfen Sie mit der aufgeforderten Intuition den finalen Plan, den AI-Plan, welches Eisen gerade besser passt. Ihr Emotionssystem wird Sie – bei überzeugendem AI-Plan – das Eisen 8 weit genug schlagen lassen. Sie werden das gleiche Ergebnis mit einem Eisen 7 erzielen, bei dem die Sicherheit und Entschlossenheit fehlt, jedoch mit höherem Risiko, da die fehlende Entschlossenheit die Schwungbewegung möglicherweise einschränkt oder ganz scheitern lässt.

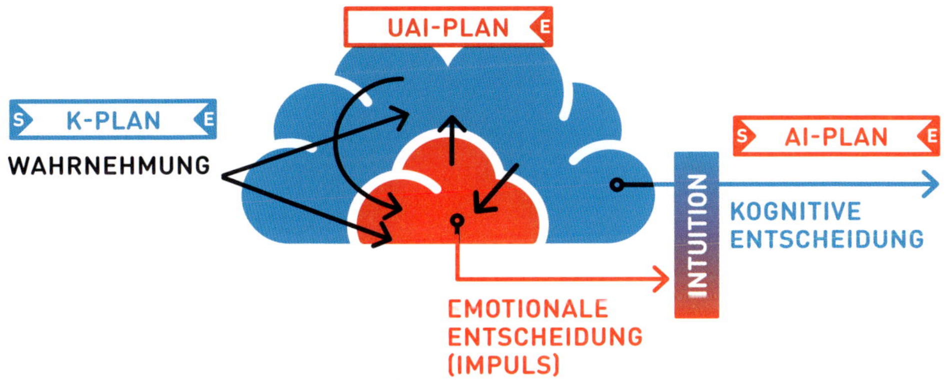

Mit der Intuition werden beide Pläne zusammengeführt

Die Dynamik zwischen den beiden Systemen, Intuition und Kognition, ist eine permanente Herausforderung im Golfspiel. Der Beginn-Anker „check" ist die aktive Aufforderung an die Intuition, eine Einschätzung für die Übereinstimmung und die Integration der beiden Pläne (UAI-Plan und K-Plan) zu geben. Manche Golfspieler integrieren diesen Schritt in die Phase „prepare", meist nach dem Probeschwung, um die Körpererfahrung über das Emotionssystem zu integrieren.

Finden Sie für sich heraus, wo dieser Planungsschritt in Ihr Ritual hineinpasst. Eine sichere Entscheidung und ein sicherer Golfschwung entstehen nur, wenn der Kopf und der Bauch das gleiche Ergebnis liefern und sich beides stimmig anfühlt. Dieses stimmige Gefühl bewerten Sie auf der K-I-E Skala und ankern Sie mit einem Ende-Anker. Unser Vorschlag für den Ende-Anker ist „passt". Diese Sicherheit brauchen Sie, denn Zweifel, etwas falsch zu machen, oder die Angst zu versagen, lassen Sie scheitern. Nur wenn Intuition und Kognition zusammenpassen, entstehen Sicherheit und Vertrauen, die Sie für einen guten Golfschwung brauchen.

EMPFEHLUNG FÜR BEGINN- UND ENDE-ANKER

Finden Sie Ihre ganz persönlichen Anker-Kommandos, die sich für Sie stimmig anhören und die Sie mit Entschlossenheit und Sicherheit aussprechen können. Unsere Empfehlungen sehen Sie in der Übersicht.

Grundsätzlich gilt: lieber weniger Information in angemessener Zeit aufneh-

RITUAL SICHER ENTSCHEIDEN

Wählen Sie für die Planungsphase die feste Sequenz aus Intuition, Kognition und Intuition:

1 Prüfen und regulieren Sie Ihren emotionalen Zustand

2 Akzeptieren und quittieren Sie die unaufgeforderte Intuition mit dem UAI-Plan

Hören Sie auf Ihr Bauchgefühl; nehmen Sie Ihren automatischen Handlungsimpuls wahr und quittieren Sie diesen mit dem Ende-Anker.

3 Führen Sie die kognitive Planung durch und erstellen Sie den K-Plan

Finden Sie ein angemessenes Maß zwischen der Fülle an Informationen und der zur Verfügung stehenden Zeit und entscheiden Sie sich bewusst.

4 Integrieren Sie den UAI-Plan und den K-Plan in einen finalen AI-Plan

Benutzen Sie bewusst Ihre Intuition und forcieren Sie mit ihr eine sichere Entscheidung. Integrieren Sie die beiden vorherigen Pläne mit der aufgeforderten Intuition zu einer finalen Entscheidung.

men. Das führt zu einer sicheren Entscheidung und unterstützt den Spielfluss.

Plan	Anfang-Anker	Ende-Anker
UAI-Plan		„gut“
K-Plan	„plan“	„okay“
AI-Plan	„check“	„passt“

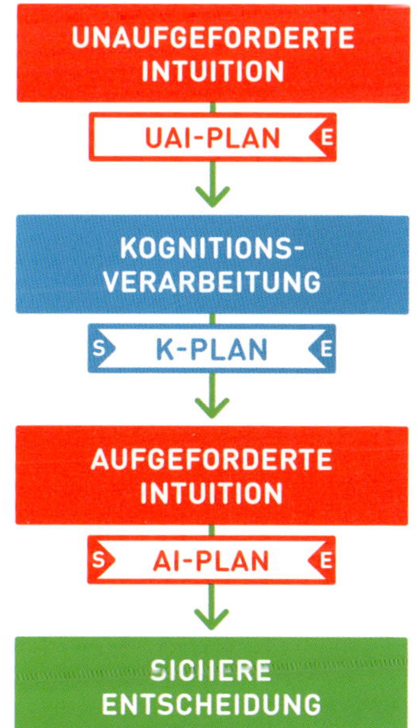

Eine sichere Entscheidung entsteht durch eine feste Reihenfolge

WIRKUNG

Die sichere Entscheidung ist die erste und wichtigste Voraussetzung für einen kraftvollen und entschiedenen Golfschwung. Unsicherheit in der Entscheidung schwächt den besten Golfschwung und den besten Golfspieler, wie wir immer wieder selbst bei den Top-Golfspielern der Weltklasse erleben. Mit einem sicheren Ritual kommen Sie zu einer sicheren Entscheidung. Damit ist der erste Schritt für einen kontrollierten und wiederholbaren Schwung gemacht.

Sie werden anfangs etwas Zeit brauchen, um das bewusst zu tun, was Sie bisher ohne eine bewusste Struktur taten. Die anfangs investierte Zeit zahlt sich schnell in einer sicheren Entscheidung für einen zügig ausgeführten Golfschlag aus. So bekommen Sie Zugang zu Ihren Fähigkeiten, um das Golf zu spielen, zu dem Sie fähig sind.

RITUAL VISUALISIEREN – DIE KRAFT DER INNEREN BILDER

„Imagination ist alles. Sie ist die Vorschau auf die künftigen Attraktionen des Lebens", sagte einst Albert Einstein. Neurologisch betrachtet sind Vorstellung und Erinnerung ähnliche Vorgänge. Das innere Bild als eine wichtige Voraussetzung für einen gezielten Golfschwung ist der Bauplan für die Muskelansteuerung. So werden die notwendigen Muskelgruppen vorbereitet und aktiviert – und Traumschläge wahrscheinlicher. Die Vision vom perfekten Moment, verbunden mit dem faszinierenden Gefühl des Gelungenen, wird möglich.

Was tun, wenn es nicht gelingt, die Visualisierung zu erzeugen? Was mache ich, wenn mein inneres Kino nicht anläuft oder, noch schlimmer, das Emotionssystem das Programm bestimmt und den Horrorfilm anwirft? Läuft der Horrorfilm, so brechen Sie Ihr momentanes Ritual ab und führen die Rituale „Umgang mit Gefühlen" und die Emotionsregulierung durch. Bauen Sie sich anschließend eine unterstützende Ressource mit dem Ritual auf. So geben Sie sich und der Visualisierung eine Chance.

Das Emotionssystem schaltet Ihre Visualisierung zuweilen aus und spielt einen zur emotionalen Disposition passenden Film ab. Wenn der Film nicht gefällt oder Sie nicht unterstützt, nehmen Sie die Fernbedienung und schalten Sie ab. Regulieren Sie Ihre Emotionen und kreieren Sie anschließend Ihr eigenes Programm.

Es gibt tatsächlich zwei verschiedene Formen des kreativen Visualisierens: die rezeptive und die aktive. Bei der rezeptiven Form entspannen Sie sich und lassen Bilder oder Eindrücke auf sich zukommen. Dabei legen Sie keinen Wert auf Einzelheiten, diese ergeben sich automatisch, wenn Sie sich darauf konzentrieren.

Die rezeptive Form ist die Königsdisziplin, die sich von selbst einstellt, wenn Sie die aktive Form mehr und mehr üben und anwenden. Ihr Gehirn wird konditioniert, diese dann automatisch ohne bewusstes Zutun auszuführen. Alle Professionals spielen mit der rezeptiven Form und korrigieren diese nur in Ausnahmefällen, wenn sie ein Detail anpassen wollen, das vom

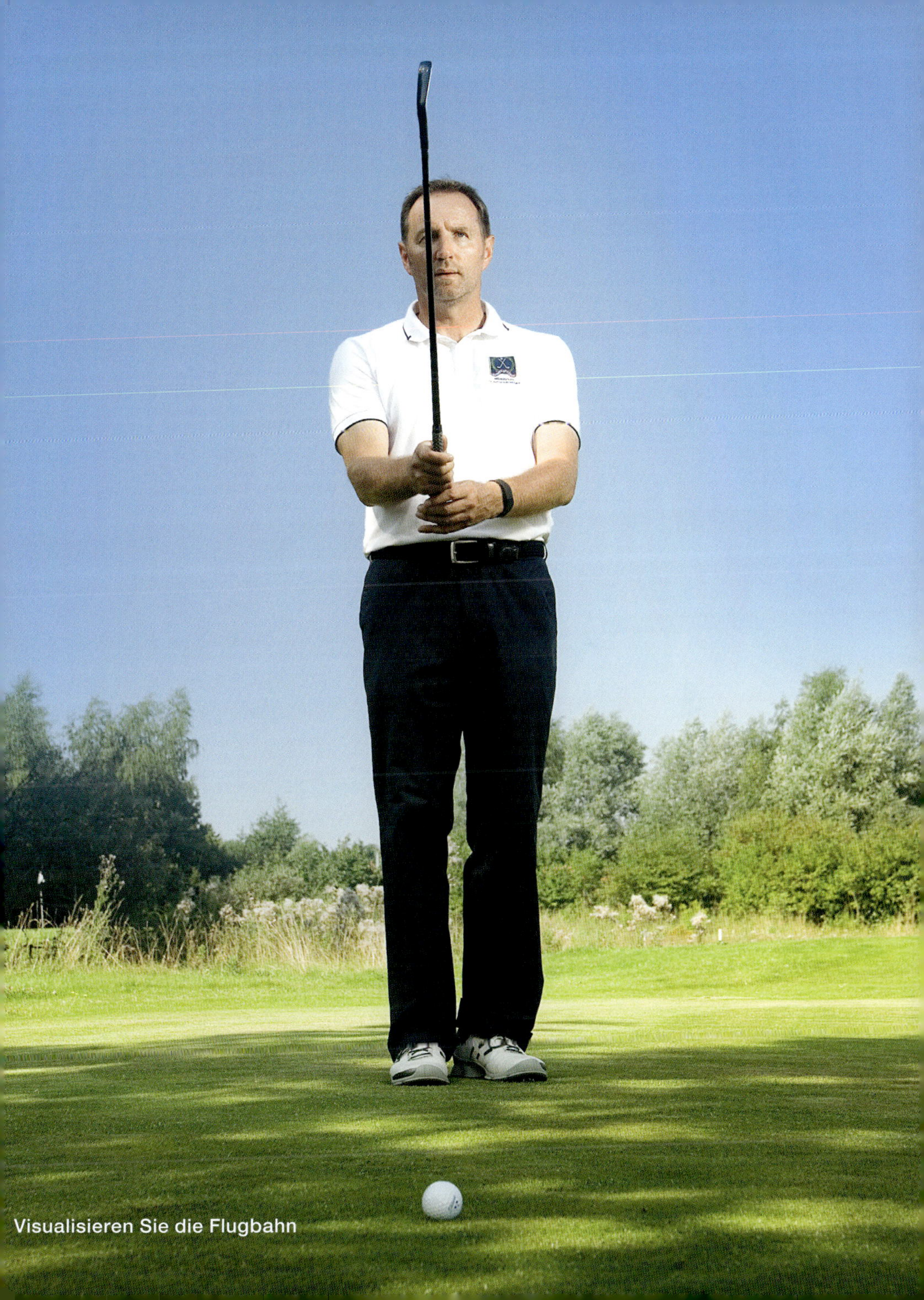
Visualisieren Sie die Flugbahn

automatisch generierten Bild abweicht. Die rezeptive Form wird allerdings zur Katastrophe, wenn die emotionale Disposition nicht stimmt und das Emotionssystem die Katastrophe voraussagt. Seien Sie achtsam, schalten Sie immer wieder um, wenn unerwünschte Bilder eingespielt werden. Nach der emotionalen Regulierung gehen Sie über in die aktive Form.

DIE KRAFT DER INNEREN BILDER

Nicht alle Golfer benutzen eine visuelle Vorstellung, ein inneres Bild. Manche ahnen den Ballflug, fühlen oder spüren ihn. Wieder andere haben eine Vorstellung, ohne es innerlich zu sehen.

Die Mehrzahl der Golfspieler verwendet die Visualisierung mit inneren Bildern. Bei der aktiven Form treffen wir ganz bewusst eine Wahl und erschaffen das, was wir sehen oder uns vorstellen wollen. Wir kreieren unseren Traumschlag, eine Orientierung, die uns unterstützt, das zu erreichen, was wir anstreben.

Beginnen Sie mit der Basistechnik, die ganz am Anfang steht. Versuchen Sie, sich vor Ihrem inneren Auge einen Hintergrund vorzustellen. Als erstes stellen Sie sich eine ganz bestimmte Farbe vor. Die Übung gelingt leichter mit geschlossenen Augen. Versuchen Sie es nach einer Weile mit offenen Augen; auf dem Golfplatz können Sie die Augen nicht immer schließen. Viele Spitzensportler machen trotzdem die Vorbereitung mit geschlossenen Augen.

Sehen Sie keine Farbe auf Ihrer Kinoleinwand? So versuchen Sie auf keinen Fall jetzt einen blauen Elefanten zu sehen. Ob Sie wollen oder nicht, Sie sahen einen blauen Elefanten. Verändern Sie nun den blauen Elefanten in eine Kinoleinwand und verändern die Farbe nach rot. Verändern Sie diese, hellen Sie sie etwas auf und achten Sie darauf, ob es sich für Sie besser oder schlechter anfühlt. Machen Sie die Farbe anschließend etwas dunkler und achten Sie auf die Wirkung. Bewegen Sie sich auf die Helligkeitsstufe zu, die Ihnen am besten gefällt. Wenn sich bei diesem Vorgang die Farbe verändert, wählen Sie diese als Hintergrund und wiederholen den Vorgang. Sie sollten ein Commitment, eine Zustimmung, von 8 bis 10 auf der K-I-E Skala erreichen.

PRÄZISION FÜHRT ZU ERFOLG

Als nächstes wenden Sie sich der Beschaffenheit des Hintergrunds zu. Hier sind Ihrer Phantasie keine Grenzen gesetzt: glatt wie eine Glasscheibe oder ein Fernseher, gewölbt wie ein Panoramaschirm, mit Struktur wie eine Leinwand oder real wie der Hori-

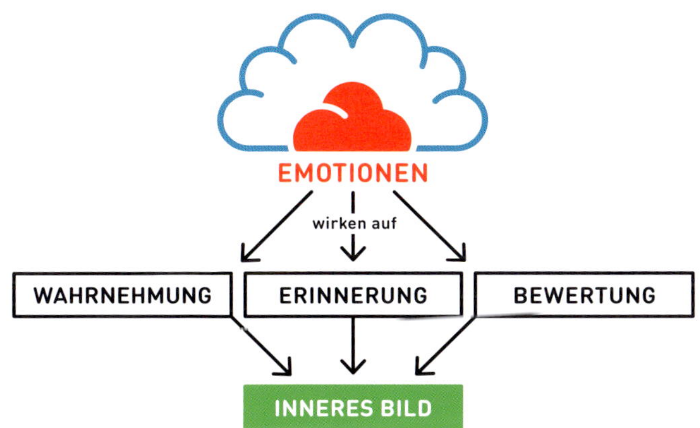

Die Emotionen bestimmen den Inhalt des inneren Films

zont. Finden Sie den Hintergrund, der zu Ihnen passt und der Ihnen gefällt. Es ist nur wichtig, dass Sie sich für einen einzigen entscheiden. Wenn Sie nicht sicher sind, suchen Sie weiter. Es gibt hier kein richtig oder falsch, es soll nur zu Ihnen passen.

Bestimmen Sie nun die Größe. Wie groß ist Ihre Kinoleinwand? Dehnen Sie diese aus und spüren Sie, wie es sich anfühlt. Verkleinern Sie sie anschließend und achten Sie wieder darauf, was geschieht. Pendeln Sie sich langsam an die Größe heran, die für Sie angenehm ist.

Machen Sie einen Rahmen um Ihre Leinwand. Verändern Sie die Stärke und das Material: ein glatter, schlanker, dunkelgrüner Metallrahmen, ein opulenter geschnitzter, goldener, glänzender Rahmen oder ein rustikaler Holzrahmen. Verändern Sie wieder die Submodalitäten, also die Farbe, das Material, die Stärke und so weiter. Erspüren Sie jeweils, was geschieht, und wählen Sie den Rahmen, der Ihnen gefällt. Entscheiden Sie sich mit einem klaren Commitment für einen ganz spezifischen Rahmen. Wenn Sie rahmenlos und unbegrenzt bleiben wollen, so entscheiden Sie sich dafür. Der Durchgang durch die Submodalitäten gibt Ihnen Sicherheit.

Zeichnen Sie nun einen Strich auf die Leinwand. Ist er horizontal oder vertikal? Welche Farbe hat er? Zeichnen Sie einen zweiten Strich von links oben nach rechts unten. Ist die Linie erhaben, wie bei Wachsmalkreide, oder eben, wie bei einem Farbmarker? Gehen Sie nun weiter und

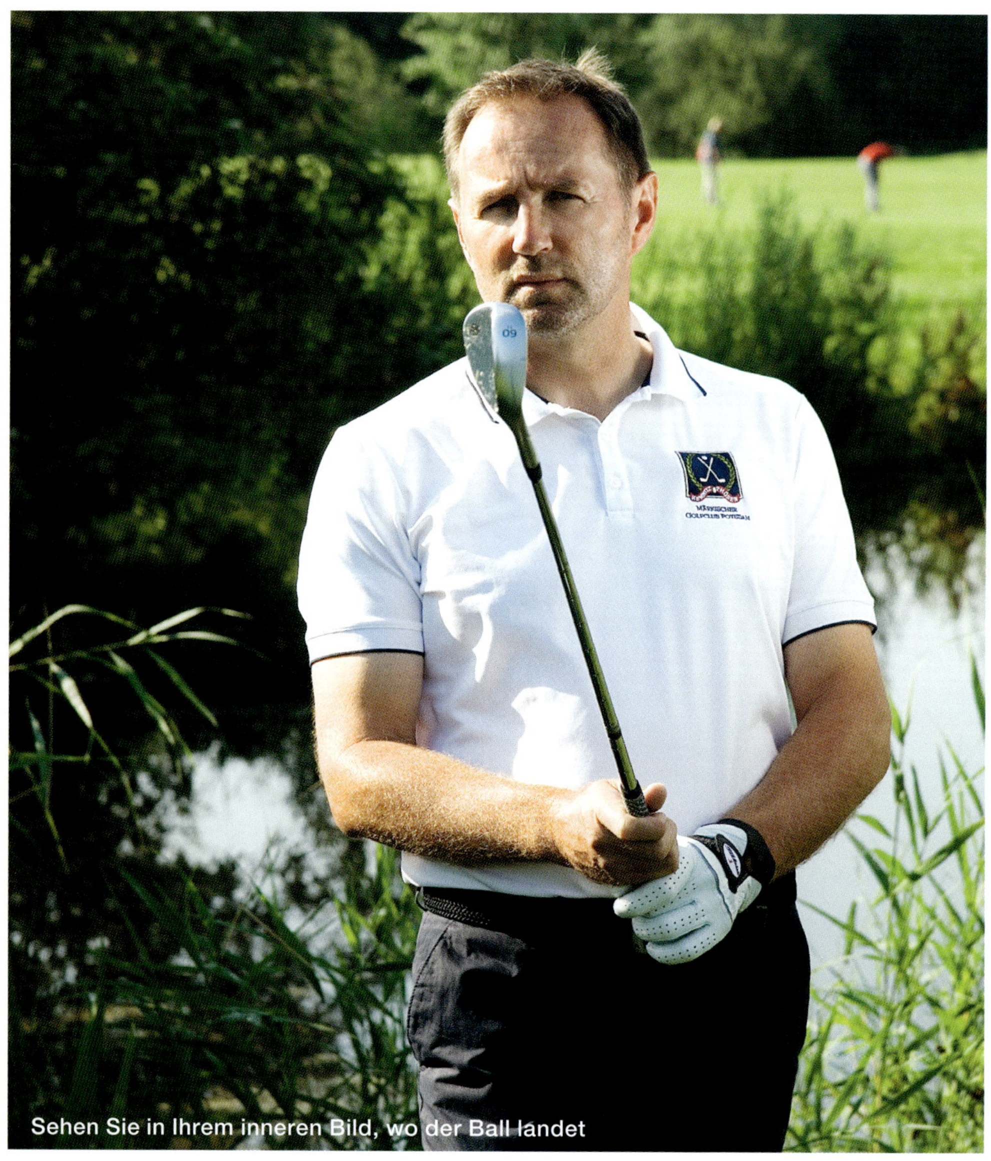

Sehen Sie in Ihrem inneren Bild, wo der Ball landet

schreiben Sie einen Buchstaben auf Ihren Hintergrund.

Welcher Buchstabe ist es? Ist es ein Groß- oder ein Kleinbuchstabe? Hat er eine bestimmte Schriftart? Ist er gedruckt oder handgeschrieben? Nun versuchen Sie, Ihrem Buchstaben Tiefe zu geben. Stellen Sie sich ihn dreidimensional vor. Betrachten Sie ihn von allen Seiten. Fällt Ihnen das leicht? Super. Wenn diese Übung bei Ihnen nicht so einfach klappt, versuchen Sie nicht, sich einen roten Punkt vorzustellen. Denken Sie unter keinen Umständen jetzt an einen roten Punkt. Sollten Sie dennoch einen roten Punkt sehen, so können Sie darum einen blauen Kreis machen. Formen Sie nun in Ihrer inneren Vorstellung aus den beiden Kreisen die beiden Entscheidungssysteme. Das Emotionssystem bleibt rot und das Kognitionssystem bleibt blau.

Bringen Sie nun Bewegung ins Spiel. Lassen Sie das rote Emotionssystem auf die doppelte Größe wachsen und anschließend auf die halbe schrumpfen. Bringen Sie eine weitere zeitliche Dimension in Ihre Visualisierung und lassen Ihre kreierten Objekte auf Ihrer Leinwand wandern.

Damit haben Sie die ersten Bilder aktiv und bewusst kreiert. Sie haben eine visuelle Repräsentation Ihrer Vorstellung geschaffen. Mit diesen Basics schaffen Sie die Grundlage, um später in wenigen Millisekunden auf dem Golfplatz die visuelle Repräsentation Ihres Traumschlags zu kreieren.

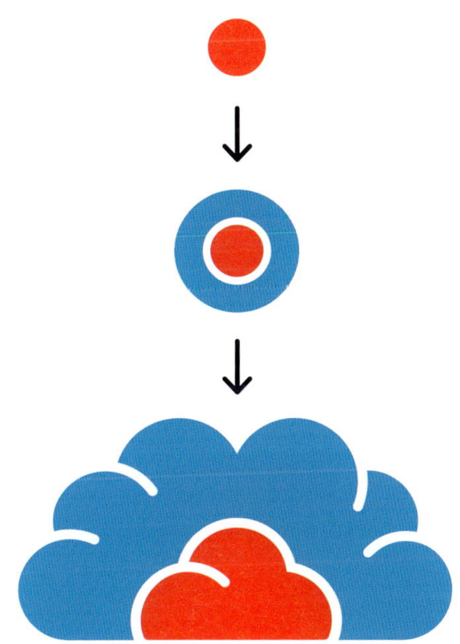

Die Visualisierung kann trainiert werden

ÜBUNG ZUR VISUALISIERUNG DER PUTT-LINIE

Nun reicht es nicht aus, auf dem Golfplatz Striche und Buchstaben zu zeichnen. Viel mehr geht es darum, sich den gewünschten Putt, Schlag oder die gewünschte Bewegung zu visualisieren und zwar in Perfektion. Wenn Sie die Basistechniken

RITUAL VISUALISIEREN

Üben Sie, so oft es geht. Ab jetzt gibt es keinen langweiligen Moment mehr in Ihrem Leben. Sie schalten Ihr inneres Kino ein und kreieren Ihren Traumschlag in einer Traumkulisse. Eine gute Alternative, wenn Sie einmal Wartezeit überbrücken müssen.

BASISTECHNIK

1 **Stellen Sie sich einen farbigen Hintergrund vor**

2 **Verändern Sie die Helligkeit, Beschaffenheit und Größe Ihrer Kinoleinwand**

3 **Machen Sie einen Rahmen um Ihre Leinwand**

4 **Zeichnen Sie einen Strich, formen Sie daraus einen Buchstaben und verändern Sie die Stärke und Farbe**

5 **Kreieren Sie Objekte auf Ihrer Leinwand und lassen Sie diese wandern**

VISUALISIERUNG LANGER SCHLÄGE

1 **Nehmen Sie das Ergebnis Ihrer Planung und Zieldefinition für Ihre Visualisierung des Ballflugs**

2 **Visualisieren Sie die momentane Lage des Balls, die Zone, in der er landen wird, die Distanz, die im Flug überwunden wird, und die Stelle, an der er zur Ruhe kommt**

3 **Sehen Sie, wie der Ball in die gewünschte Richtung startet. Stellen Sie sich vor, unter welchem Winkel der Ball auftrifft und ausrollt**

VISUALISIERUNG DER PUTT-LINIE

1 **Stellen Sie sich das Zwischenziel und die gesamte Putt-Linie in Ihrem inneren Bild vor**

2 **Lassen Sie den Ball über das Zwischenziel auf der vorgestellten Putt-Linie in der geplanten Geschwindigkeit ins Loch laufen**

3 **Hören Sie dabei das Klacken des Balls im Loch**

der Visualisierung beherrschen, können Sie dazu übergehen, diese auf den Golfschlag und den Golfplatz zu übertragen. Beginnen Sie mit dem Putten und gehen Sie dann über in die langen Schläge.

Üben Sie zuerst die Visualisierung für die Richtung der Putt-Linie. Kreieren Sie ein inneres Bild, also mit geschlossenen Augen, für einen Putt aus einem Meter. Suchen Sie sich dazu ein Zwischenziel, einen Punkt auf der Putt-Linie. Sie rollen dabei im inneren Bild den Ball mit dem Blick auf das Zwischenziel und dann weiter auf der Linie ins Loch. Jetzt haben Sie eine visuelle Repräsentation, die Putt-Linie. Beim Putten mit äußerem Blick auf das Zwischenziel, also mit offenen Augen, fügen Sie der visuellen Repräsentation ein Gefühl der Bewegung hinzu. Putten Sie nun zehn Mal auf dem Putting Green mit fokussiertem Blick auf den Ball bei ruhiger Kopfhaltung. Schauen Sie dabei gleichzeitig mit dem inneren Blick auf das Zwischenziel Ihrer visuellen Repräsentation im Kopf. Sie brauchen auch einen Fokus im inneren Bild. So wie Sie im Äußeren auf den Ball schauen, blicken Sie im Inneren auf das Zwischenziel.

Wiederholen Sie zehn Putts und wechseln Sie jeweils zwischen dem äußeren Blick auf den Ball und dem Zwischenziel. Das ist eine komplexe Übung, die Ihre visuelle Repräsentation mit der Körpererfahrung verbindet.

Für lange Golfschläge zeichnen Sie auf Ihrer inneren Leinwand die momentane Lage des Balls auf, die Zone, in der er landen wird, die Distanz, die dazwischen im Flug überwunden wird und wo der Ball nach dem Ausrollen zur Ruhe kommen wird. Sehen Sie, wie der Ball startet und im Flug die Hindernisse nimmt. Geben Sie dem Ball die vorgestellte Höhe, den anschließenden Landewinkel und die Geschwindigkeit, mit der er in den Zielbereich ausrollen wird. Beginnen Sie mit der Basistechnik, visualisieren Sie farbig, dreidimensional, nahe an der realen Umgebung und setzen Sie diese dann auf dem Golfplatz für alle Schläge ein.

WIRKUNG

Neurologisch betrachtet sind Vorstellung und Erinnerung ähnliche Vorgänge und Traumschläge werden wahrscheinlicher, wenn Sie sich diese vorher konkret vorstellen. Wird dieser sich vorgestellte Bauplan anschließend wirklich, so geht ein Glücksgefühl durch Ihren Körper, Sie spüren für einen Moment die Perfektion.

„Imagination ist alles. Sie ist die Vorschau auf die künftigen Attraktionen des Lebens“, sagte einmal Albert Einstein.

RITUAL ZIELDEFINITION – AUSGERICHTET MIT PRÄZISION

Nur wer sein Ziel kennt, findet seinen eigenen Weg dorthin. Wie einfach und doch ungewohnt ist es, sich sein Ziel selbst und bewusst zu bestimmen.

Die Zeit, an Ihrer Zieldefinition zu arbeiten, ist immer reif. Wenn Sie nicht wissen, in welche Richtung es diese Saison oder bei Ihrem nächsten Schlag gehen soll, ist vieles verlorene Mühe. Denn ohne Ziel wird das Erreichen zum Zufallsprodukt. Zuallererst sollten Sie zwischen Zielen mit unterschiedlicher zeitlicher Orientierung unterscheiden. Ein kurzfristiges Ziel ist einfach der nächste Schlag oder das nächste Turnierergebnis; ein mittelfristiges ist Ihr Saisonziel. Ein Zwischenziel wäre die Entwicklung über Monate oder Quartale. Ein langfristiges Ziel könnte Ihre Entwicklung zum einstelligen Handicap oder die Aufnahme in die Club-Mannschaft sein.

Was machen Ziele eigentlich aus? Was haben all diese Ziele gemeinsam? Sie können sich hier aus dem reichhaltigen Fundus des Projektmanagements und der Persönlichkeitsentwicklung bedienen. Denn Golfspielen ist nichts anderes als ein großes und wunderbares Projekt, das Geist und Körper erfreut. Sollen Ziele auch ins Ziel führen, so genügen die folgenden Qualitäten:

Ziele sind eindeutig, klar und selbstbestimmt.

Ein Ziel jemand anderem zuliebe zu wählen, hätte wenig Kraft. Besser sind Ziele wie „ich entwickle mein Handicap" oder „ich reguliere meine Emotionen nach einem misslungenen Bunkerschlag".

Ziele sind messbar

Ziele wie „besser werden" oder „so weit wie möglich" reichen nicht aus. „Handicap auf 14", „5 Meter rechts vom Stock" oder „50 Prozent Greens in Regulation" richten uns erfolgreich aus.

Ziele sind angemessen und müssen zu erreichen sein

Dabei werden sie auch von unseren Emotionen beeinflusst. In der Angst werden Sie ein anderes Ziel als in der Wut planen. Mit

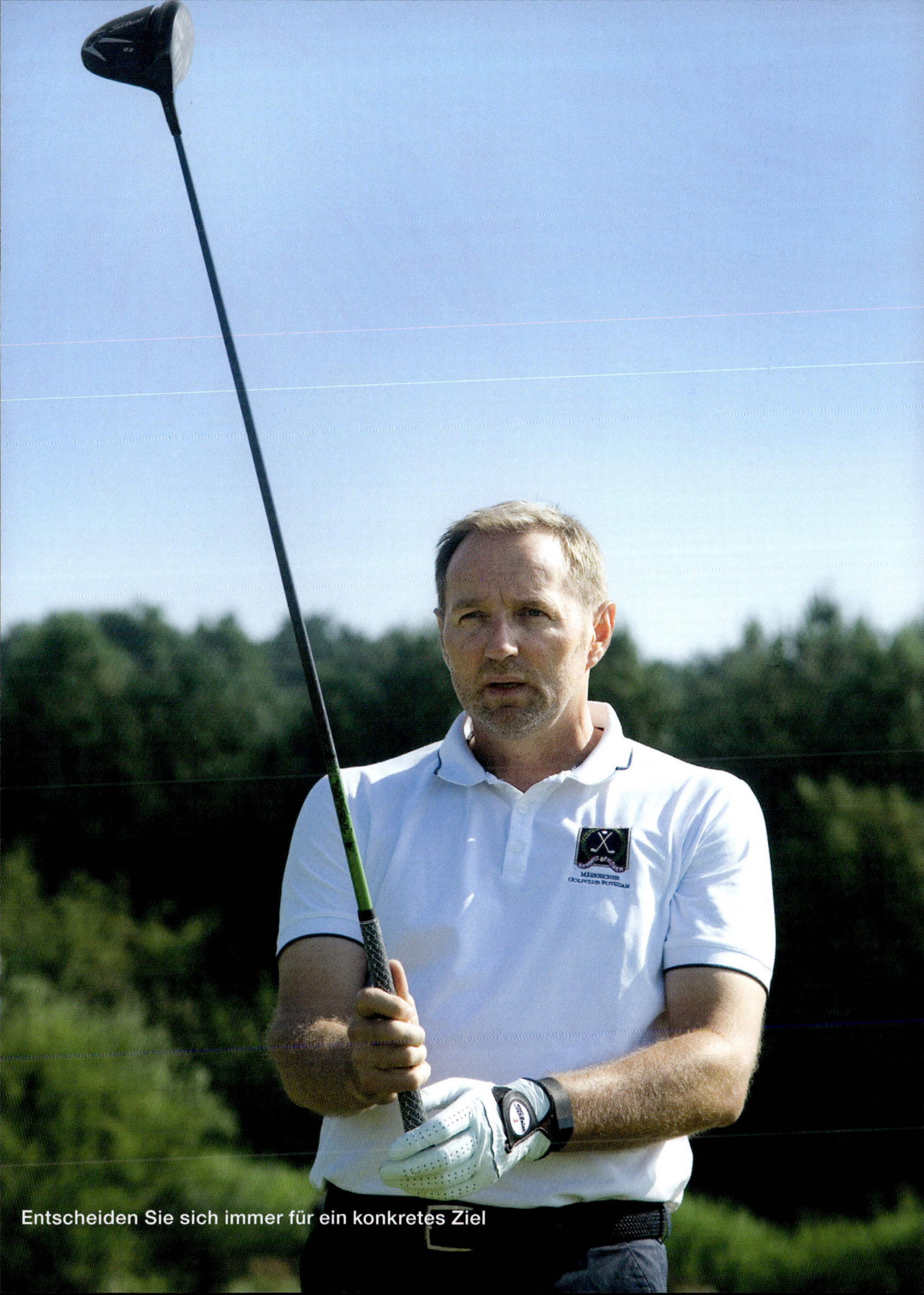

Entscheiden Sie sich immer für ein konkretes Ziel

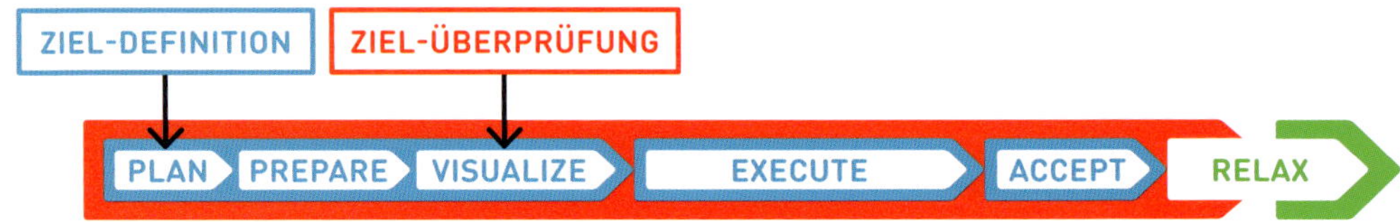

Das Ziel wird bewusst definiert und anschließend intuitiv überprüft

dem Ritual zur Emotionsregulierung erreichen Sie eine angemessene emotionale Disposition. Sie können dies unterstützen, wenn Sie ein Seminar besuchen oder mit einem Coach arbeiten. Ihr Handicap erreichen Sie, wenn Sie das Richtige richtig trainieren. Dafür nehmen Sie sich Zeit und die richtige Anleitung. Als Anfänger dürfen Sie zwar von einer Par-Runde träumen, aber als Ziel wäre das nicht funktional, weil es Frustration bedeuten würde. Setzen Sie Ihre Ziele immer so, dass Sie in Ihrem Leistungsvermögen bleiben. Weder sollten Sie davon ausgehen, dass Sie das Eisen nicht richtig treffen und lieber ein längeres nehmen, noch sollten Sie sich überschätzen oder nach dem Unmöglichen streben. Finden Sie den Korridor zwischen einem engagierten Ziel und unterhalb der Überforderung.

Ziele sind bedeutsam für Sie und nur für Sie

Wenn die Geselligkeit für Sie im Vordergrund steht, ist das Handicap nicht das Maß aller Dinge. Ein Jahrhunderttalent wird demotiviert sein, wenn es nicht auf die Weltspitze zielt. Wenn Gesundheit bedeutend für Sie ist, kann ein rhythmischer Schwung ein gutes Ziel sein. Wenn Sie im Clubhaus glänzen wollen, trainieren Sie einen Zauberschlag. Wenn Sie zufrieden sein wollen, entwickeln Sie ein für Sie angemessenes Handicap. Ein Ziel, ich möchte das Eisen 7 einigermaßen treffen, ist für niemanden angemessen. Wenn Sie den Ball mit Ihrem Eisen 7 meistens 135 Meter geradeaus schlagen können, so planen Sie dies als Ihr angemessenes Ziel, nicht mehr, aber auch nicht weniger.

Ziele haben eine klare Terminvorgabe

„Ich loche diesen Putt" und nicht „Okay, ich werde besser putten". Realistisch kann auch sein: „Im Juni erreiche ich mein Zwischenziel Handicap 14 und am Ende der Saison Handicap 12."

Ziele sind positiv formuliert

„Nicht ins Wasser" hat eher die gegenteilige Wirkung. Wenn Ihr aktuelles Ziel hinter einem Wasserhindernis liegt, so lassen Sie das Wort „Wasser" einfach weg. „Rechtes Fairway auf Höhe 100-Meter-Marke" oder „Mitte Grün" wären angemessen.

Ziele werden dokumentiert

Schreiben Sie Ihre mittel- und langfristigen Ziele auf; führen Sie Buch. Visualisieren Sie Ihre Ziele. Malen Sie ein Bild und hängen es an den Badspiegel, damit Sie es jeden Tag sehen.

Auf dem Golfplatz visualisieren Sie immer Ihr nächstes Ziel und integrieren es in Ihr Planungsritual

So motivieren wir uns, das Notwendige zu tun, damit die Ziele wirklich werden. Erfolgreiche Menschen wie der Schauspieler und Politiker Arnold Schwarzenegger wissen das: „Disziplin ist nur eine Frage des Zielbewusstseins. Wer seine inneren Bilder klar vor Augen hat, kann die nächste Gelegenheit zu handeln gar nicht abwarten."

ZIELE MÜSSEN ÜBERSCHAUBAR SEIN

Prüfen Sie, wie weit Ihre Ziele diesen Qualitäten genügen, bevor Sie das Spiel beginnen, in die Saison starten oder den nächsten Schlag planen. Stellen Sie anschließend fest, wo Sie stehen und ermitteln Sie die Differenz, um angemessene Ziele zu erreichen. Wenn Sie durchschnittlich 36 Putts pro Runde brauchen, ist es unangemessen, sofort 30 anzustreben. Weichen Ihre Ziele zu weit von Ihren Möglichkeiten ab, sind die meisten Vorhaben zum Scheitern verurteilt.

Das sind die Basics. Wie immer ist dies am Anfang ungewohnt. Zu viele Ziele und Kriterien können verwirren. Fangen Sie mit einer überschaubaren Zahl an: „Ich definiere jetzt zwei oder drei Ziele bis Ende des Monats." Schreiben Sie diese Ziele auf die Score Card, damit Sie sie immer wieder sehen. Mit der Zeit erwerben Sie Übung und die Zieldefinition stellt sich automatisch ein, ohne großes Zutun.

Wie und wo bauen Sie nun die Zieldefinition für den nächsten Schlag in ihr Pre-Shot-Ritual ein? Die Zieldefinition wird in der Planungsphase nach den obigen Kriterien erstellt und in dieser Phase visualisiert. Unterstützen Sie diesen Prozess, indem Sie in die Zukunft gehen. Stellen Sie sich einfach vor, dass das Ziel erreicht ist und erleben Sie, wie das aussieht, wo der Ball ausläuft und zum Liegen kommt. Erleben Sie, wie es sich anfühlt, wenn das Ziel eingetreten ist.

Die Technik, in die Zukunft zu gehen, hilft Ihnen auch bei der Definition angemessener langfristiger Ziele. Stellen Sie sich

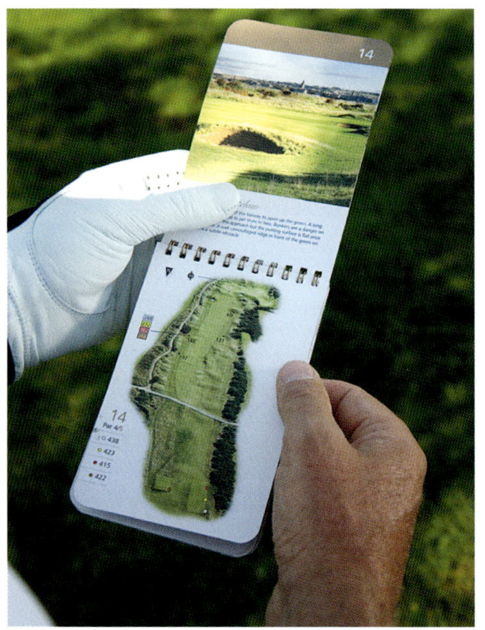

Wählen Sie immer ein angemessenes Ziel

einfach vor, die Saison für dieses Jahr ist vorbei, das letzte Turnier gespielt und Sie schauen auf ein exzellentes Golfjahr zurück. Was haben Sie erreicht und wie fühlt sich dies an. Schon stellen sich die nächsten Saisonziele ein, die für Sie angemessen sind.

Detaillieren Sie Ihre Saisonziele, indem Sie diese in einzelne Teilziele herunterbrechen. Teilziele unterstützen das Gesamtziel. Für eine Handicap-Verbesserung könnte das sein:

– Konstant 120 Meter mit dem Eisen 8
– Im Mittel 32 Putts pro Runde im Turnier
– In 80 Prozent mit einem Schlag aus dem Bunker
– Drei Varianten im kurzen Spiel auf das Grün
– Erlernen der Einschätzung des eigenen Könnens
– Mut in das Vertrauen in Ihr Emotionssystem, das das natürliche Reaktionsverhalten des Körpers steuert.

Finden Sie Ihre drei bis fünf Teilziele als Maßnahmen, die Ihr Gesamtziel entwickeln. Benutzen Sie wieder die obigen Qualitäten der Zieldefinition.

PROGRAMMIEREN SIE SICH FÜR IHR ZIEL

Nutzen Sie im Weiteren die natürliche Synchronisierung Ihres Gehirns und verankern Sie die Ziele im Emotionssystem. Visualisieren Sie einige Tage vor einem Turnier – am besten vor dem Einschlafen – das Ziel und wie Sie es erreichen. Wenn Sie aufgeregt sind, gehen Sie einfach Schlag für Schlag in Ihrer Vorstellung über den Platz und spielen Loch für Loch. Wenden Sie die Platztaktik an und spielen Sie den Ball genau dahin, wo Sie ihn hinhaben möchten. Sehen Sie sich bei der Siegerehrung, wenn dies das für Sie angemessene Ziel ist. Die

Aufregung wird sich legen, Sie werden ruhig einschlafen und Sie programmieren sich für das Turnier.

Für einen sportlich ambitionierten Spieler empfiehlt es sich, die Saison nach individuellen Leistungshöhepunkten zu planen und daran die Trainingsphasen auszurichten.

Ziele sind sehr starke individuelle Motivatoren, seien diese nun gesellschaftlich, gesundheitlich oder sportlich begründet. Aus den unterschiedlichen Motiven ergibt sich eine schier unglaubliche Vielzahl von Teilzielen. Gesellschaftlich motivierte Spieler sind oft nicht weniger ambitioniert als sportliche Spieler. Ein möglichst schnell zu erreichendes niedriges Handicap ist manchmal nur ein mittelbares Ziel: Das unmittelbare Motiv ist oft, „dabei sein" zu dürfen. Dies ist durchaus ein angemessenes und selbstbestimmtes Ziel. Jeder Mensch hat ein tiefes Bedürfnis dazuzugehören. Nicht zuletzt ist dies das Ziel, das wir alle mehr oder minder verfolgen. Der Eigendruck, der aufgebaut wird, und die Erwartungen daraus sind dann aber oft unrealistisch. Gehen Sie damit genauso offen um, wie bei den technischen Zielen. Verwenden Sie die Zieldefinition und definieren Sie drei bis fünf unterstützende Teilziele als Zwischenziele.

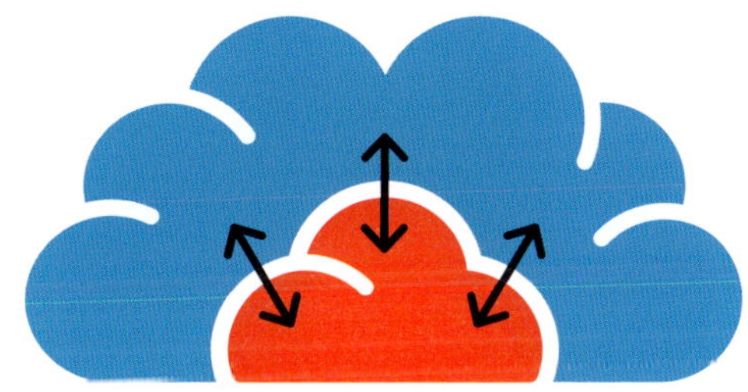

Ein gelungener Schlag braucht ein exaktes Ziel

GOLF IST EIN ZIELSPORT

Was das Spiel angeht, so sollten Sie für jeden Schlag konkret ein Ziel definieren, egal wie kurz oder lang. Gehen Sie immer von Ihrer momentanen Leistungsfähigkeit aus. Wenn Ihr Eisen 8 den Ball 100 Meter fliegen lässt, dann planen Sie mit 100 Metern, nicht mit mehr oder weniger. Auch wenn Ihre Mitspieler den Ball 140 Meter weit hauen, planen Sie mit Ihrer individuellen Länge. Planen Sie beim Drive ein konkretes Ziel, einen konkreten Landepunkt mit Roll und nicht einfach, so weit, wie es geht.

Golf ist kein Weitensport, Golf ist ein Zielsport. Erst wenn der Ball im Loch ist, ist das Spiel zu Ende. Planen Sie auch für die Transportschläge eine Position, von der aus Sie den nächsten Schlag ins Grün er-

RITUAL ZIELDEFINITION

Gehen Sie bei der Zieldefinition für den nächsten Schlag nach folgenden Kriterien vor:

1 **Planen Sie immer ein selbstbestimmtes Ziel**

2 **Definieren Sie ein konkretes, klares, messbares Ziel**

3 **Wählen Sie ein angemessenes und erreichbares Ziel, nicht weniger, aber auch nicht mehr**

4 **Formulieren Sie Ihr Ziel positiv im Sinne der Erreichbarkeit**

5 **Wählen Sie ein für Sie bedeutsames Ziel**

6 **Entscheiden Sie sich kraftvoll und zuversichtlich für das Ziel**

7 **Visualisieren Sie Ihr Ziel**

8 **Integrieren Sie das Ziel in Ihren Plan**

Nicht selten brauchen Sie für diesen Weg zur Zieldefinition anfangs etwas länger. Mit etwas Übung und der im Ritual beschriebenen geordneten Herangehensweise definieren Sie mehr und mehr angemessene Ziele.

reichen können. Erfolgreiche Spieler planen rückwärts vom Grün aus gesehen. Die Leitfrage lautet immer, wo muss der Ball zum Liegen kommen, damit ich den nächsten Schlag erfolgreich angehen kann. Greifen Sie nicht einfach das Grün an. Wählen Sie in Abhängigkeit der Gegebenheiten eine konkrete Stelle, die Sie anspielen: „drei Meter links vom Stock und danach der Roll mit Break nach rechts an die Stange". Auch wenn Sie wissen, dass Golf von so vielen Einflussfaktoren und Unwägbarkeiten abhängt, dass das Ziel selten exakt erreicht wird: nach der Schlagausführung spielt das keine Rolle mehr.

ES IST NIE ZU SPÄT

Golf stimuliert das Wachstum neuer Gehirnzellen, die verantwortlich sind für emotionale und kognitive Kontrolle, fand die Universität Zürich heraus. Dabei ist das Gehirn von 40- bis 60-Jährigen noch sehr anpassungs- und lernfähig. Bereits ein 40-stündiges Golftraining verbessert das Zusammenspiel von Auge und Hand. Je intensiver trainiert wird, desto schneller wird die Platzreife erreicht und desto schneller zeigen sich die Veränderungen im Gehirn. Dieser Prozess wird durch emotional belastende Situationen zerstört. Die Neuroplastizität entwickelt sich, wenn Sie in einem emotional achtsamen, zielorientierten Zustand bleiben. Trainieren Sie die golfact-Rituale mit derselben Intensität wie Ihren Golfschlag und wenden Sie diese immer wieder auf der Golfrunde an. Dafür ist es nie zu spät, unabhängig davon, wie alt Sie sind.

WIRKUNG

Seien Sie konkret bei der Zielplanung, aber seien Sie nachsichtig bei der Zielerreichung. Es geht darum, dass Sie sich auf das Ziel ausrichten. Wenn Sie dies tun, kommen Sie diesem tatsächlich näher. Erreichen Sie das Ziel, so freuen Sie sich, und wenn nicht, seien Sie gnädig mit sich selbst. Gegebenenfalls regulieren Sie Ihre Emotionen, dann sind Sie wieder versöhnt mit sich.

So erreichen Sie mehr und mehr Ihre Ziele und beginnen das Golf zu spielen, zu dem Sie fähig sind.

RITUAL SICHER PUTTEN – DEN SCORE RASCH VERBESSERN

Was ist das Wichtigste beim Golf? Das wird jeder aus seiner ganz eigenen Sicht beantworten. Unbestritten ist aber die Tragweite des Puttens. 35 bis 40 Prozent aller Schläge sind Putts und machen damit den dominanten Anteil des Spiels aus. Der Putt beendet in den allermeisten Fällen das Loch – und ist der Moment kleiner oder großer Glücksgefühle bis hin zum Triumph. Er ist aber auch der Schlag der großen Enttäuschung und Verzweiflung. Und obwohl für gutes Golf alle Schläge ihre Bedeutung haben, ist die Sicherheit beim Putten das Ziel und der Weg zum Erfolg. Putten bewegt unseren Score und die dazugehörigen Emotionen nach oben und unten. Das kommt schon in dem geflügelten Wort unter Playing Professionals zum Ausdruck, „You drive for show and put for dough“: Der weite Abschlag ist für den Showeffekt, das Geld (umgangssprachlich dough) wird auf dem Grün verdient.

Die aktuelle Forschung zum sogenannten Bauchgefühl am Max-Plank-Institut kommt zu überraschenden Ergebnissen. Experten, also erfahrene Golfspieler, putten besser, wenn sie innerhalb einer kurzen Zeitvorgabe putten. Anfänger, also unerfahrene Spieler, hingegen putten besser, wenn sie unbegrenzt Zeit bekommen, um über ihren Schlag nachzudenken und sich ohne Ablenkung auf ihren Schwung konzentrieren und fokussieren.

Der allgemeine Rat, sich auf den Putt zu konzentrieren und möglichst alle Komponenten zu berücksichtigen, gilt dabei nicht für alle Spieler und Situationen. Golf lehrt uns, dass mehr Aufwand das Ergebnis in seiner Qualität zuweilen verschlechtert. Es kommt darauf an, wie viel Erfahrung ein Golfspieler gesammelt hat. So ist es für bestimmte Spieler von Nachteil, wenn sie zu viele Informationen sammeln. Das Verhältnis der aufgewendeten Zeit zu den möglichen Informationen ist individuell abzuwägen.

Erfahrene Golfspieler wissen intuitiv, wie die Putt-Linie verlaufen wird, wenn sie das Grün betreten. Tatsächlich können wir das alle, wenn wir lernen, die Intuition zuzulassen und bewusst zu nutzen. Ohne

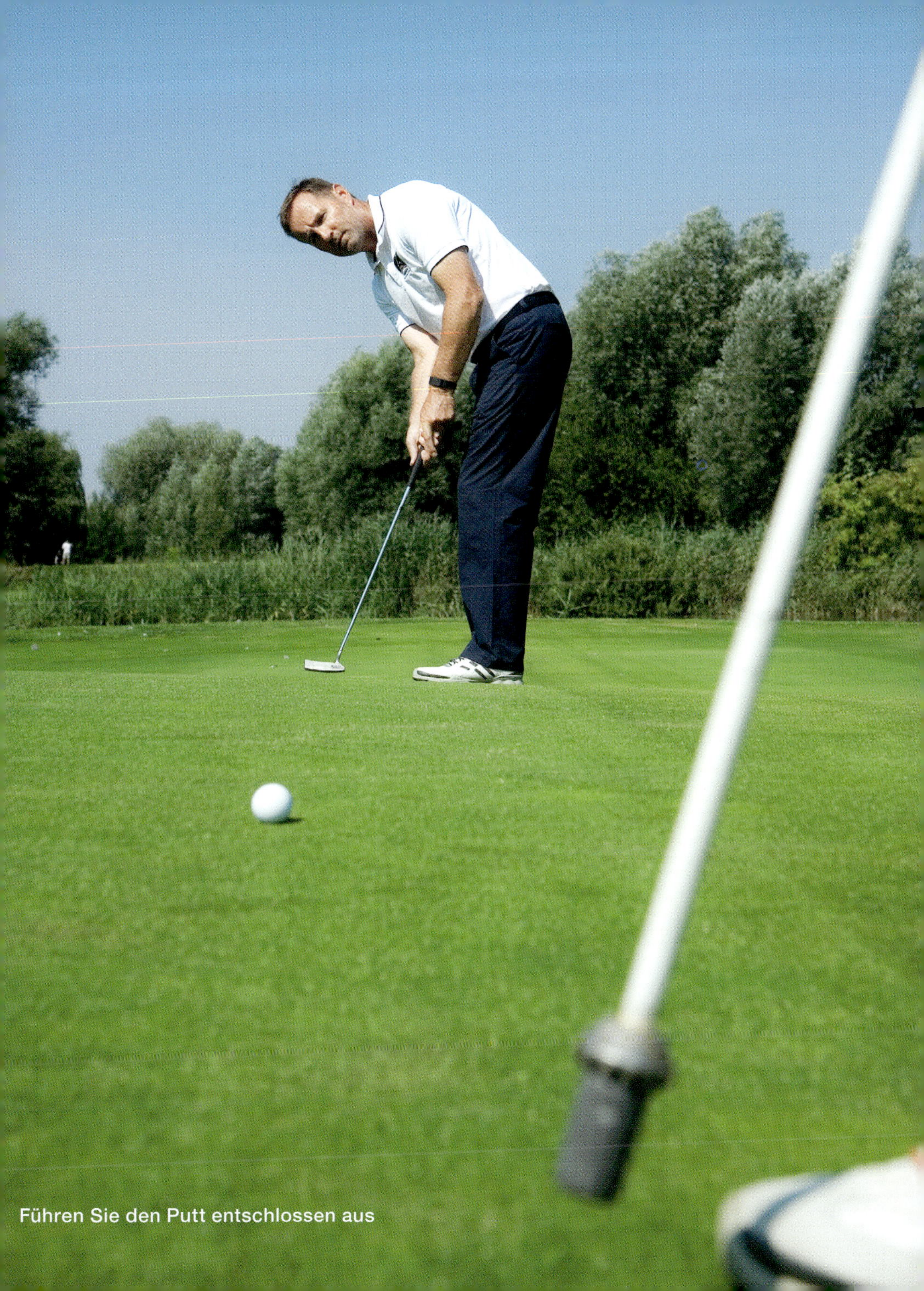

Führen Sie den Putt entschlossen aus

zu denken, ist das Ergebnis sofort da. Wir haben blitzschnell eine Vorstellung von der Linie, ohne das Grün ausgiebig zu lesen. Ein erfahrener Spieler hat einen großen Erfahrungsschatz, aus dem die Intuition greifen kann. Um diesen Erfahrungsschatz anzuzapfen und zu nutzen, brauchen wir einen bewussten Umgang mit der Intuition. Besser gesagt, es ist die Intuition, die diesen Schatz zur Verfügung stellt.

Aus dem K-I-E Konzept wissen Sie, was die Intuition ist: das Ergebnis der Emotionsverarbeitung. Die Intuition ist schnell, die Putt-Linie ist sofort intuitiv da. Würde man Sie fragen, wie Sie diese Entscheidung für genau diese Putt-Linie gefällt haben, wäre die stimmige Antwort: „Ich weiß es nicht." Es ist dem Bewussten ganz einfach nicht zugänglich. Die Intuition kommt unaufgefordert. Sie müssen sie nicht aktivieren oder fragen: „Du Intuition, sage mal, wie verläuft denn die Putt-Linie?". Nein, sie ist einfach da und wird unaufgefordert aktiviert, sobald wir aufs Grün gehen und den Ball sehen. Ihr Ausdruck ist nonverbal, das heißt, wir bekommen keinen Text geliefert. Wir bekommen nur einen Handlungsimpuls, oder einen Ausdruck von „stimmig" von dem, was wir als Putt-Linie sehen, fühlen oder uns vorstellen. Das Schöne an der Intuition ist ihr umfassender Wahrnehmungsfokus und damit die Berücksichtigung aller Informationen der spezifischen Spielsituation. Diesen wunderbaren Bewertungsmechanismus können wir ganz bewusst und aufgefordert nutzen. Wir instrumentalisieren also unsere Intuition für unser Golfspiel, und das ist die Lösung, die zum sicheren Putten führt.

Der Putt ist ein ganz normaler Golfschwung, wie Sie ihn aus dem Pre- und Post-Shot-Ritual kennen. Sie müssen nichts an Ihrem Schwung ändern, sondern integrieren das Ritual „Sicher putten" in Ihr vorhandenes Putt-Ritual. Natürlich fällt es am Anfang etwas schwer, Neues in seinen eigenen Ablauf einzubauen. Durch regelmäßiges Üben wird das Putt-Ritual Ihnen in Fleisch und Blut übergehen, so dass kein Ärger, keine Angst oder Verunsicherung vor oder nach dem Putten aufkommt.

Auch wenn der Putt-Vorgang schwierig erscheint, fasst es der sechsfache Major-Sieger Nick Faldo gut zusammen: „Für das Putten geht es darum, die Basics richtig zu machen; der Rest ist Commitment zu dem, was man entschieden hat."

VERFEINERN SIE IHR PUTT-RITUAL

Jeder Golfspieler praktiziert bereits sein eigenes Putt-Ritual, ob bewusst oder unbewusst. Die drei Planungsschritte aus

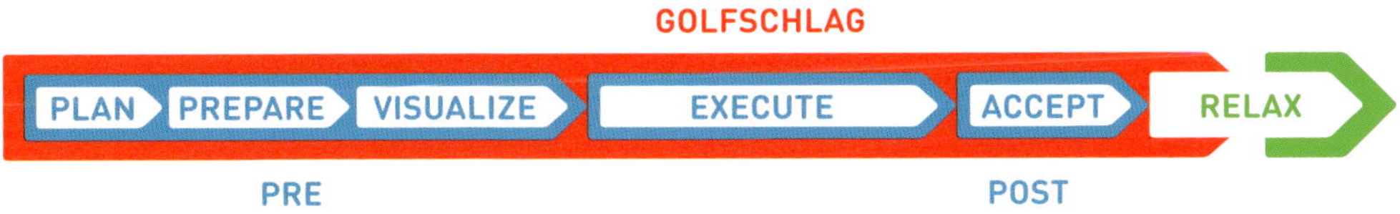

GOLFSCHLAG

PLAN PREPARE VISUALIZE EXECUTE ACCEPT RELAX

PRE POST

Der Putt ist ein ganz normaler Golfschlag

dem Ritual „Sicher entscheiden“ kann jeder Golfer individuell in sein Putt-Ritual einpassen. Es gibt kein richtig oder falsch, es gibt nur Ihren ureigenen Golfschwung mit seinen Phasen und Schritten, wie sie zu Ihnen passen und Sie sicher putten lassen. Ihre Aufgabe ist es nur, das, was schon da ist, zu strukturieren und ihm einen Namen zu geben. Darin liegt eine ganz spezielle Herausforderung.

Die Plan-Phase wird Ihnen aus dem Ritual „Sicher entscheiden“ bekannt vorkommen. Planen Sie Ihre Putt-Linie mit einem Zwischenziel und stimmen diesem entschlossen zu, so wie Sie es für alle bewussten und intuitiven Entscheidungen tun. Auch wenn der Planungsvorgang und die Erstellung der Putt-Linie ein aufwendiger und differenzierter Prozess sein kann, brauchen Sie nur zwei Parameter: das Zwischenziel, mit dem Sie bestimmen, in welche Richtung der Ball startet, und die Geschwindigkeit, die Sie ihm mit dem Putter geben. Die Vorstellung von der Putt-Linie wird Ihre Confidence stärken.

Die Putt-Linie selbst wird in drei Schritten ermittelt. Hören Sie im ersten Schritt auf Ihr Bauchgefühl und quittieren Sie den automatisch erstellten UAI-Plan der unaufgeforderten Intuition (siehe Ritual „Sicher entscheiden“). Sprechen Sie als Bestätigung den Verlauf als Ende-Anker innerlich entschieden aus: links-rechts, rechts-links oder gerade. Wichtig ist, die Zustimmung gilt nur für den UAI-Plan, der noch in der Folge weiter verfeinert wird. Für alle, die die Putt-Linie nicht bewusst sehen können, sondern fühlen, ahnen oder sonstwie repräsentieren, empfehlen wir den Ende-Anker „gut“. Wenn sich das für Sie nicht stimmig anfühlt, finden Sie einen eigenen Begriff oder Satz, der besser zu Ihnen passt. Fühlen Sie sich völlig frei, einen Anker Ihrer Wahl zu verwenden.

Danach führen Sie die kognitive Planung durch und erstellen den K-Plan. Starten Sie mit einem Beginn-Anker wie „plan“. Erst dann beginnen Sie, das Grün bewusst zu lesen. Bewerten Sie die Entfernung, das Gefälle, die Breaks, den Graswuchs, die Geschwindigkeit der Grüns, die Nässe und den Wind. Daraus ermitteln Sie die beiden Parameter aus der Putt-Linie: die Startrichtung anhand des Zwischenziels und die Geschwindigkeit. Hier berühren sich das mentale und emotionale mit dem technischen Golftraining.

Ihr PGA Teaching Professional kümmert sich um den Stand, die Körperhaltung, Ausrichtung, Gleichgewicht, Stabilität, Ball-Kontakt, Dosierung der Schwungmenge und Smooth Acceleration, der sanften Beschleunigung. Prüfen Sie bewusst, was Sie brauchen, und nur das, was Sie brauchen. Zuviel Information macht unsicher und zu wenig Information auch. Es gibt einen Korridor, der für Sie und nur für Sie funktional und genau richtig ist. Sie müssen diese Informationsmenge selbst finden. Achten Sie dabei auf Ihre Intuition, diese wird es Ihnen über „stimmig" melden. Führen Sie die kognitive Planung in der zu Ihnen passenden Detaillierung durch und beenden Sie den K-Plan mit einer Bewertung auf der K-I-E Skala und einem eindeutigen Ende-Anker wie „okay". Die dritte finale Phase der sicheren Entscheidung führen Sie erst in der Phase „visualize" durch.

WÄHLEN SIE DEN PASSENDEN ORT

In der Prepare-Phase bereiten Sie sich und Ihre Bewegung auf den Putt vor und er-

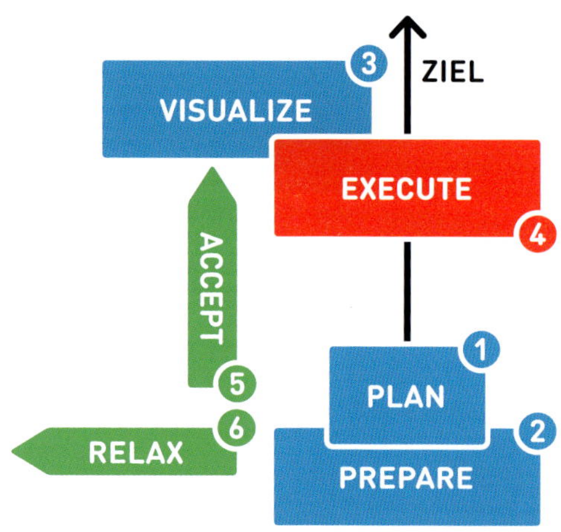

Die Prepare-Phase ist individuell

mitteln weitere bewusste und unbewusste Informationen für die Geschwindigkeit Ihrer Putt-Linie. Der Ort, an dem Sie die Probe-Putts ausführen oder mit kurzen Bewegungen andeuten, ist sehr individuell. Der häufigste Platz dafür ist kurz vor der Ansprechposition.

Viele führen die Bewegung hinterm Ball in Richtung Ziellinie oder quer dazu aus. Wählen Sie den für Sie passenden Ort, an dem Sie sich wohlfühlen und führen Sie die Bewegung immer an diesem aus. Starten Sie die Prepare-Phase mit dem Beginn-Anker „prepare". Geben Sie Ihrem Körper mit ein bis drei Probe-Putts eine Orientierung, prüfen Sie Ausrichtung und Geschwindigkeit für das Erreichen des

Ziels. Nehmen Sie das Bewegungsgefühl zügig mit in die Ansprechposition. Visualisieren Sie in der Ansprechposition den Verlauf des Putts. Blicken Sie dazu ein- bis dreimal Richtung Loch und spüren Sie nach, wie weit Ihr K-Plan mit dem UAI-Plan übereinstimmt, siehe Ritual „Sicher entscheiden". Bewerten Sie die Stimmigkeit mit der K-I-E Skala und sprechen Sie den Ende-Anker „passt" entschieden und kraftvoll aus. Sie werden spüren, wie weit alles passt. Brechen Sie ab, wenn Sie dem Plan nicht zustimmen können.

Passen unaufgeforderte Intuition (UAI-Plan), Kognition (K-Plan) und aufgeforderte Intuition (AI-Plan) nicht zusammen, ist der Abbruch die einzige Möglichkeit, wenn Sie nicht auf das Prinzip Hoffnung setzen wollen. Brechen Sie ab, beginnen Sie erneut mit der Planungsphase und gehen die Schritte nochmals zügig durch. Geschwindigkeit ist dabei eine wichtige Qualität.

Das hört sich möglicherweise lang an, ist es aber nicht. Ihr Putt-Ritual dauert genau genommen etwa eine Sekunde länger als bisher. Wenige Millisekunden für die Bestätigung und Beendigung des UAI-Plans, plus 300 Millisekunden für den Check des AI-Plans. In der Lernphase müssen Sie sich die Schritte noch bewusst machen, das kann mehrere Sekunden dauern. Scheuen

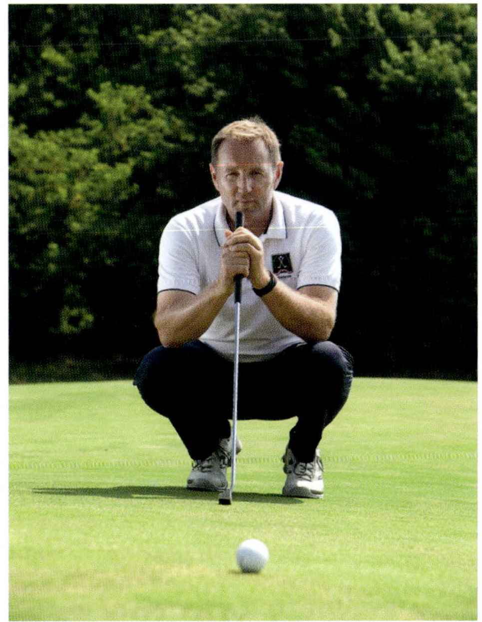

Bestimmen Sie das Zwischenziel

Sie sich nicht davor. Wenn Sie es eingeübt und automatisiert haben, werden sich Ihre Zweifel beim Putten auflösen. Sie gewinnen die Sicherheit in einer Sekunde und werden sicher putten. Es entsteht mehr und mehr Vertrauen, alles getan zu haben, was in Ihrer Macht liegt. In der Summe wird die Zeit, die Sie benötigen, nach der Lernphase geringer werden. Sie putten zügiger und vor allem sinkt die Anzahl der unnötigen Putts.

Nach dem Aussprechen des Ende-Ankers „passt" der Visualize-Phase gehen

RITUAL SICHER PUTTEN

Entwickeln Sie aus den folgenden Schritten Ihr eigenes Putt-Ritual.

1 Prüfen und regulieren Sie Ihren emotionalen Zustand

PRE-SHOT-RITUAL

2 Planen Sie Ihre Putt-Linie

Ermitteln Sie die Start-Richtung und angemessene Geschwindigkeit

2a Akzeptieren und quittieren Sie die erste Putt-Linie (UAI-Plan)

Hören Sie auf Ihr Bauchgefühl und quittieren Sie Ihr Gefühl mit links-rechts, rechts-links oder gerade.

2b Führen Sie die kognitive Planung durch (K-Plan)

Finden Sie ein angemessenes Maß an Informationen und Zeit und planen Sie bewusst Ihre Putt-Linie.

3 Bereiten Sie sich und Ihre Bewegung auf den Putt vor

Geben Sie Ihrem Körper mit ein bis drei Probe-Putts eine Orientierung für Ausrichtung und Geschwindigkeit

4 Visualisieren Sie den Putt, wie der Ball zum Loch läuft und fällt

Blicken Sie ein- bis dreimal Richtung Loch und spüren Sie der Bewegung nach. Prüfen Sie mit der aufgeforderten Intuition den AI-Plan und sprechen Sie Ihren Ende-Anker „passt" entschieden und kraftvoll aus.

EXECUTE-PHASE

5 Führen Sie den Putt mit Überzeugung aus

Führen Sie den Putt entschieden, zuversichtlich und kraftvoll aus mit völliger Zustimmung, alles getan zu haben.

POST-SHOT-RITUAL

6 Bewerten und akzeptieren Sie das Schlagergebnis

Bewerten Sie das Ergebnis und versetzen Sie sich in einen Zustand der Akzeptanz.

7 Schließen Sie den Golfschwung ab und gehen Sie in den Relax-Zustand über

Sie übergangslos mit der gewonnenen Überzeugung in die Execute-Phase. Sprechen Sie einen klaren und entschiedenen Beginn-Anker wie „Do it“, „Go“ oder „Mach ihn rein“, freundlich und zugewandt, eher bittend, aber klar. Führen Sie den Putt entschieden, zuversichtlich und kraftvoll aus. Lassen Sie Ihre Emotionsverarbeitung den Rest machen und gehen Sie kurz nach dem Treffmoment in den Zustand völliger Zustimmung zu dem, was geschieht. Sie haben alles getan, was es zu tun gab. Freuen Sie sich auf das Verschwinden des Balls und das klackende Geräusch, wenn er fällt.

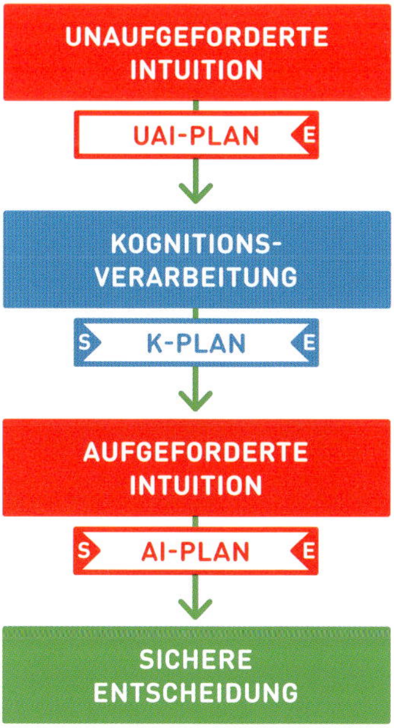

WIRKUNG

Denken Sie daran: Sie müssen Ihr eigenes Putt-Ritual und Ihre eigenen stimmigen Kommandos finden. Bringen Sie beides, die Schwungtechnik und die mentale emotionale Seite, zusammen, dann werden Sie sicher und erfolgreich putten.

Das Ritual „Sicher putten“ ist komplex und wird Ihnen womöglich zunächst schwerfallen. Das, was Sie tun, ist komplex; mit der Zeit wird es sich einschleifen und dann ganz von selbst funktionieren. Sie werden also mit der Zeit zum Experten. Die Fähigkeit, das Putt-Ritual sicher und souverän auszuführen, entwickelt und festigt sich nur durch ständiges Wiederholen. Ihr Score wird sich entsprechend nach unten bewegen und die Momente des Glücksgefühls oder Triumphes beim Fallen des Balles werden häufiger werden. Damit werden Sie das Golf spielen, zu dem Sie fähig sind.

UNAUFGEFORDERTE INTUITION
UAI-PLAN E
KOGNITIONS-VERARBEITUNG
S K-PLAN E
AUFGEFORDERTE INTUITION
S AI-PLAN E
SICHERE ENTSCHEIDUNG

Auch ein sicherer Putt braucht feste Schritte in der Planung

RITUAL INNERER DIALOG – DIE KRAFT DER UMFORMUNG

Wer hat sich nicht schon mal selbst nach einem misslungenen Schlag „Idiot“ genannt? Welche Wirkung hat das auf Ihr weiteres Spiel? Sind solche Selbsttitulierungen die Gedanken, die den Menschen lenken und bewegen? Alle Mentaltrainer sagen ja, Gedanken führen uns zu Erfolg oder Misserfolg. Tatsächlich sind es die Emotionen, die Ihre Gedanken auslösen und beeinflussen. Natürlich können Gedanken umgekehrt auch Emotionen auslösen, die uns dann bewegen, und so haben wir einen zyklischen Prozess zwischen Emotionen und Gedanken.

Sie haben die Wahl, bei den Gedanken oder bei den Emotionen anzusetzen, um sich in einen Zustand zu bringen, in dem Sie das Golf spielen, zu dem Sie fähig sind. Den Ansatz bei Gefühlen und Emotionen haben Sie bereits in den entsprechenden Ritualen kennengelernt. Hier lernen Sie, wie Sie zerstörerische Gedanken in unterstützende umformen können.

Vordergründing mag es banal erscheinen, dass Bewegungen und Handlungen durch Gedanken beeinflusst werden. Doch diese Erkenntnis ist von entscheidender Bedeutung für Ihr Golfspiel und Ihren Score. Die begleitenden Selbstgespräche können Sie unterstützen, motivieren und zum Sieg führen. Sie können Sie aber auch in den Abgrund reißen, vor allem dann, wenn das Gedankenkarussell eine selbstzerstörerische Auswirkung annimmt. Das ist der Fall, wenn der zyklische Prozess sich aufschaukelt und zum zyklisch-evolutionären wird.

Kennen Sie die Stimme in Ihrem Kopf? Sie ist es, die Zweifel über Ihre Schlägerwahl anmeldet. Sie ist es, die Ihnen eine ungenaue Entfernungsangabe liefert und die Ungewissheit über die eigenen Schlagweiten zutage fördert. Die Bedenken über das eigene Können, mal mit Über- und mal mit Unterschätzung desselben, sind ein beliebtes Thema im Gedankenkarussell auf dem Golfplatz.

Die Diskussion mit der Stimme im eigenen Kopf ist der innere Dialog, er muss sich nicht zwangsläufig in Wörtern ausdrücken, es können auch nur Gefühle sein

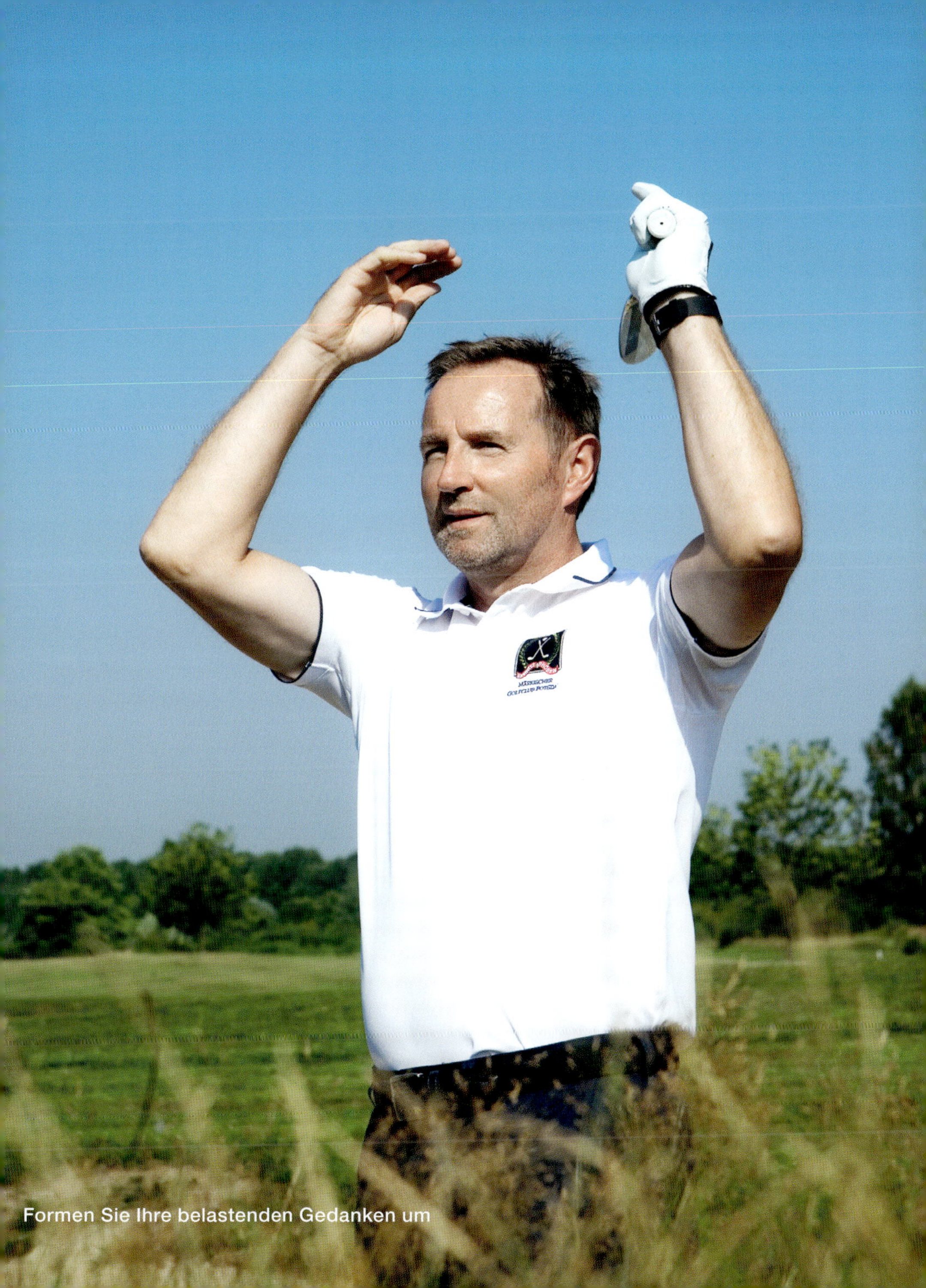

Formen Sie Ihre belastenden Gedanken um

oder Farben. Sie werden staunen, wie breit gefächert die Bandbreite der Möglichkeiten ist, sich selbst fertigzumachen; im Umkehrschluss aber auch, wie schön und friedlich es zugehen kann in Ihnen. Doch der Frieden nach einem guten Schlag währt oft nicht lang. Für Abwertungen gibt es keine Grenzen: „Was denken die Menschen über mich?“, „Mein Flight-Partner schwingt besser und schlägt weiter als ich“, „Oh nein, was passiert, wenn ich diesen Schlag …“ oder „Oh Gott, wenn ich das ganze Spiel schlecht abschließe“. Und schon landet der Ball im Wasser, in der Prärie oder sonstwo, ohne dass Sie noch mitbekommen haben, dass Sie möglicherweise nicht auf den Ball und den Schlag konzentriert waren.

Innere Dialoge können leise oder laut, grausam oder schön sein. Schon Mahatma Gandhi, der berühmte indische Pazifist, wusste davon zu berichten: „Der einzige Tyrann, den ich in dieser Welt anerkenne, ist die leise innere Stimme.“ Sie zerstört den Selbstwert und forciert Emotionen, die sich auf das Spiel ungünstig auswirken. Diese Gedanken können Sie ablenken, lähmen, panisch oder nahezu handlungsunfähig machen. Ehemalige Tour-Spieler berichten, wie die Angst und das ewige Martern im eigenen Kopf sie permanent auf dem Platz beherrschten. Mit diesem Ritual wirken Sie lösend auf das Gedankenkarussell ein und kommen im Umgang mit sich selbst zu mehr Achtsamkeit und Wertschätzung. So formen Sie mit dem Ritual einen unterstützenden Dialog und haben gleichzeitig in jedem Moment den weltbesten Caddie an Ihrer Seite.

LASSEN SIE IHRE GEDANKEN ZU

Was tun Sie nun mit Ihren inneren Dialogen? Wenn die Gedanken schon da sind, können Sie sie nicht mehr rückgängig machen. Sie können sie jedoch umformen. Sie weghaben zu wollen, verstärkt den Dialog und macht das Ganze noch schlimmer. Die Parallelität zu den Emotionen ist offensichtlich, auch diese verstärken sich, wenn man sie wegdrückt. Ist es nur eine zufällige Übereinstimmung oder haben sie denselben Ursprung?

Am Anfang steht die Bewusstmachung des inneren Dialogs. Wir nutzen unsere Kognition und hören bewusst hin. Passen Sie auf, geben Sie Ihren Gedanken den Raum. Sie selbst spiegeln sich darin wider, nur in einer differenzierten Art und Weise. Der Golfsport bietet Ihnen auch hier die Möglichkeit, sich selbst neu und anders kennenzulernen. Lassen Sie Ihre Impulse zu, wie schon beim Ritual „Umgang mit Gefühlen“. So schlimm, so laut, so grau-

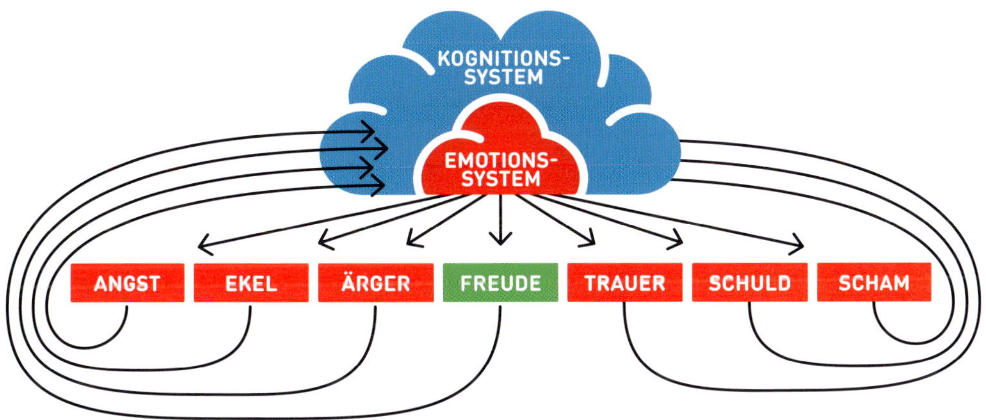

Die meisten Emotionen lösen belastende Gedanken aus

sam die Gedanken auch sein mögen, es wird niemand erfahren, denn es passiert ja nur in Ihrem Kopf.

Stellen Sie sich diesen Gedanken und schließen Sie ab. Wenn Sie Ihre Gedanken und Gefühle wegdrücken oder nicht haben wollen, wird es schlimmer und die Gedanken werden lauter. Geben Sie Ihren Gedanken einen wohlwollenden und bestätigenden Anker zum Abschluss wie „okay" oder „gut".

VERMEIDEN SIE IRONIE

Ironische oder sarkastische Kommentierungen lindern kurzfristig, da sie eine zustimmende Wirkung haben, langfristig verstärken sie aber die negativen Gedanken und sind als Ausweichstrategie nur bedingt funktional. Nun kommen wir zum zweiten Schritt. Ändern Sie die Submodalitäten, die innere Struktur des Dialogs. Dazu müssen Sie erkennen, wie Ihr innerer Dialog strukturiert ist. Wie ist Ihre Anrede, also die Stimme, mit der Sie sich ansprechen. Heißt es dort „Du Idiot", „Sie Idiot", oder „ich Idiot"? Ich empfehle Ihnen die Anrede in der „Ich-Form". Es ist immer noch besser, Sie gehen streng mit sich um, als irgendjemand anderes. Wie ist die Stimmlage Ihrer inneren Stimme? Ist sie laut oder leise? Freundlich oder unfreundlich? Zugewandt oder distanziert? Eher männlich, eher weiblich oder eher neutral? Eher belehrend oder eher unterstützend? Klingt sie kindlich oder

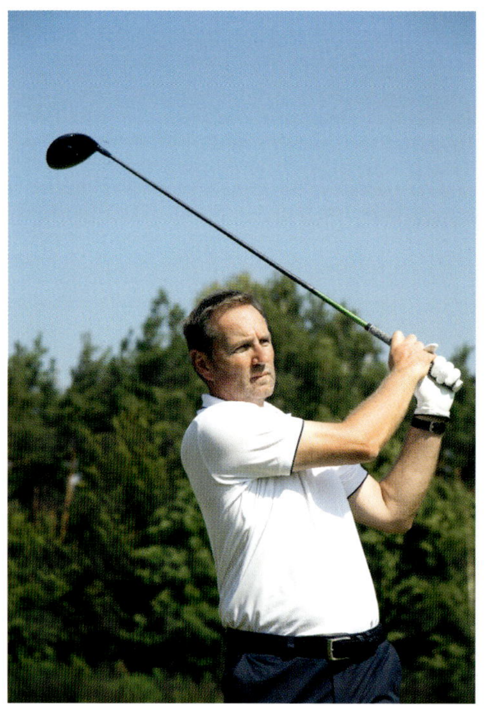

Formulieren Sie unterstützende Gedanken

erwachsen? Ist der Dialog gesprochen, gesungen oder möglicherweise in Gedichtform? Glauben Sie, das ist Unsinn? Dann versuchen Sie mal, sich im freundlichen Schlagergesang selbst zu beschimpfen. Die Wirkung wird Sie erstaunen. Experimentieren Sie mit den oben angebotenen Submodalitäten und suchen die aus, die Sie am besten unterstützen. Ich empfehle Ihnen als ersten Schritt eine möglichst einfache Sprache in freundlichem Ton. Bei dem Geschlecht müssen Sie ausprobieren, was Ihnen angenehm ist und Sie unterstützt.

Achten Sie im nächsten Schritt bei der Konfektion Ihres inneren Dialogs darauf, aus welcher Richtung dieser gesprochen wird: von oben rechts, unten links, von vorne, von hinten, von der Seite. Finden Sie heraus, welche Richtung Sie unterstützt, ändern Sie diese und reflektieren Sie, wieweit es die stimmige Richtung ist. Nehmen Sie sich Zeit, das alles herauszufinden; wenn das Gebrülle da ist, werden Sie froh sein, wenn Sie wissen, wie Sie es umformen.

Unterstützen Sie den Prozess mit bewusster Bauchatmung und klarem Fokus auf das Ausatmen, siehe Ritual „Regulierung von Emotionen“. Oft lösen die Veränderungen der Submodalitäten bereits die Belastung auf.

DEN TEUFELSKREIS STOPPEN

Wenn Sie weitergehen wollen, kommt nun der spannende Teil, die bewusste Umformung des verbalen Teils. Sie filtern aus dem Schlimmen das Gute heraus. Sie formen die Kritik und die Zweifel in etwas Unterstützendes um und wiederholen den inneren Dialog. Suchen und finden Sie einen Satz, der Sie in der spezifischen Situation unterstützt und sprechen Sie sich

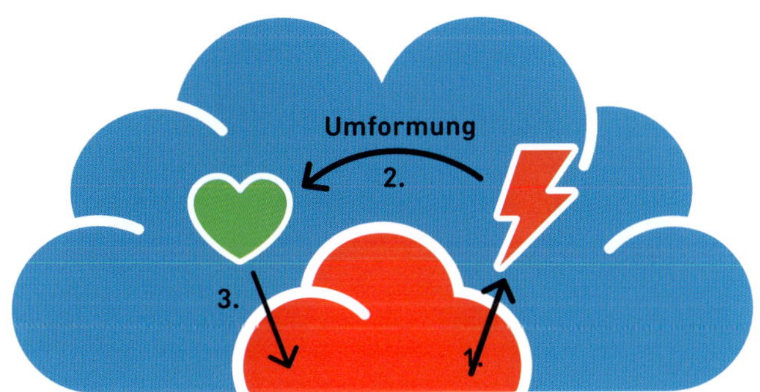

Die Kognition kann belastende Gedanken umformen

diesen innerlich vor. Dazu gehört anfangs mentale Kraft und etwas Kreativität, die dann in Routine übergeht. Am Anfang wird es nicht immer klappen und Sie werden häufig in die alten Muster fallen, aber geben Sie nicht auf. Schon allein die Suche nach dem Gegenteil und das Formulieren angenehmer Aspekte wird etwas verändern. Sie werden Ihren Fokus auf etwas anderes richten, als sich niederzumachen und zu verzweifeln.

Die Umformung der Selbstabwertung von „Du Idiot" beginnt mit der Bestätigung der Aussage „okay". Das ist keine Zustimmung zum Inhalt, es ist nur der Abschluss der Aussage. Der Begriff „Du Idiot" gibt Ihnen einen Hinweis darauf, dass Sie etwas nicht wissen oder nicht können. Erinnern Sie sich an die Fähigkeit, dass Sie diesen misslungenen Schlag tatsächlich beherrschen. Danach sprechen Sie als inneren Dialog aktiv und bewusst den umgeformten Satz: „Ich kann diesen Schlag ausführen", so wie es Ihrem Leistungsvermögen entspricht. Selbstabwertungen erinnern Sie daran, dass Sie die Bewegung tatsächlich beherrschen. Schließen Sie den abwertenden Dialog mit „okay" ab und sprechen Sie anschließend innerlich zu sich selbst in der gewählten Lautstärke und Anrede „ich beherrsche diese Bewegung". „Du Volldepp" wird umgeformt in „ich kann es"; „Du Versager" wird umgeformt in „ich kann Erfolg haben". Die Quittierung des inneren Dialogs mit „okay" und die anschließende Umformung stoppen den Teufelskreis, und es stellt sich nach wenigen Wiederholungen Ruhe ein.

RITUAL INNERER DIALOG

Übernehmen Sie die Steuerung und werden Sie zum weltbesten Caddie für sich selbst.

1 Machen Sie sich den inneren Dialog bewusst

1a **Hören Sie bewusst hin und geben Sie Ihren Gedanken Raum**

1b **Lassen Sie die ausgelösten Emotionen zu, im Wissen, das sind Sie selbst**

1c **Geben Sie Ihren Gedanken einen wohlwollenden Ende-Anker „okay“**

2 Ändern Sie die Submodalitäten

2a **Experimentieren Sie mit den Submodalitäten und wählen Sie die für Sie unterstützenden aus**

2b **Ändern Sie die Anrede von Du, Sie auf ich**

2c **Verändern Sie die Stimmlage**

- lauter oder leiser
- von unfreundlich nach freundlich
- zugewandt oder distanziert
- eher männlich oder eher weiblich oder eher neutral
- von belehrend nach unterstützend
- kindlich oder erwachsen
- gesprochen, gesungen oder gedichtet
- die Richtung von oben rechts, unten links, von vorne, von hinten, von der Seite
- Unterstützen Sie den Prozess mit bewusster Bauchatmung und klarem Fokus auf das Ausatmen

3 Formen Sie den Dialog unterstützend um von

3a unfähig zu fähig

3b Versagen zu Erfolg

3c Unglück nach Glück

3d Unvermögen nach Können

3e Sprechen Sie die Umformung aus

Fangen Sie an, die Dialoge selbst zu gestalten, formen Sie diese Schritt für Schritt um, so dass sie ganz individuell zu Ihnen passen. Gehen Sie irgendwann weiter und werden Sie sich Ihrer Formulierungen bewusst. Ändern Sie Wort für Wort und spüren Sie nach, was Sie unterstützt und was nicht. Wiederholen Sie einfach nur das, was Ihre Stimme gesagt hat, mit geänderten Submodalitäten. Geben Sie sich Zeit und üben Sie spielerisch mit klarem Fokus darauf, was angenehm ist und was nicht. Nach und nach werden Ihre Sätze einfach und klar.

WIRKUNG

Sie werden selbst der weltbeste Caddie für sich. Fragen Sie sich, was würde der weltbeste Caddie jetzt in dieser Situation sagen: wertschätzend, motivierend, Selbstwert aufbauend, unterstützend, klar und als Hilfestellung, immer freundlich, zugewandt, bestimmt und ruhig. Ihre inneren Dialoge kommen zur Ruhe. Der Kreislauf der Abwertung findet ein versöhnliches Ende und wird in einen unterstützenden Dialog umgekehrt. Ganz nebenbei, es wird nie mehr langweilig, und Sie spielen mit diesem Ritual das Golf, zu dem Sie fähig sind.

RITUAL TRAUMHAFTER TURNIERSTART

Vor einem Turnier schlafen manche Golfspieler in der vorausgehenden Nacht unruhig und schlecht. Kennen Sie das auch? Am nächsten Morgen wartet ein wichtiges Turnier auf Sie; Sie wollen bei den Club-Meisterschaften brillieren oder bei einem Sponsorenturnier mit einem wichtigen Geschäftspartner glänzen. Anstatt im Schlaf Erholung zu finden und Kraft zu tanken, können Sie nicht einschlafen, schrecken immer wieder hoch, geplagt von Versagensängsten oder Erfolgsphantasien. Danach wachen Sie gerädert auf und haben nicht den Zugang zu Ihren Fähigkeiten, mit denen Sie Ihr bestes Golf spielen können.

Sie sind an Tee 1 matt und kraftlos – oder aufgedreht und nervös, so dass Sie gleich den ersten Abschlag verhauen. Nach einem mäßigen Turnierauftakt bangen Sie um den Cut, oder die Nerven flattern bei einem guten Turnierauftakt vor dem greifbaren Erfolg. Auch wenn Sie sich mit einem Zwischenspurt wieder retten, reicht die Kraft, die Achtsamkeit und Entschlossenheit nicht mehr für ein gutes Ergebnis aus.

Was ist in solchen Situationen zu tun, wenn Sie sich im Bett wälzen und nicht einschlafen können? Kreieren Sie Ihren eigenen Traum und gestalten Sie diesen so aus, dass Sie Kraft tanken und Ihr Gehirn auf Erfolg programmiert ist. Die Grundbausteine dafür finden Sie in den Ritualen „Visualisieren“ und „Zieldefinition“. Warten Sie erst gar nicht, bis Unruhe oder Angst Raum greifen. Freuen Sie sich darauf, dass Sie ins Bett gehen. Auch wenn es sich etwas verdreht anhört, jetzt ist die optimale Zeit, um eine schöne Runde Golf zu spielen. Machen Sie es sich bequem und finden Sie eine angenehme Liegeposition. Lassen Sie den vergangenen Tag vorbeiziehen, und lassen alles gehen, was heute war, egal wie schön oder belastend. Lassen Sie es einfach vorbeiziehen, wie einen Film.

Bereiten Sie sich nun auf Ihre virtuelle Golfrunde vor. Unterstützend wirkt es meistens, wenn Sie sich auf den Rücken legen und die Augen nach oben drehen bis zum „Anschlag“ und dann so weit nachlassen, bis Sie ganz entspannt einen leicht nach

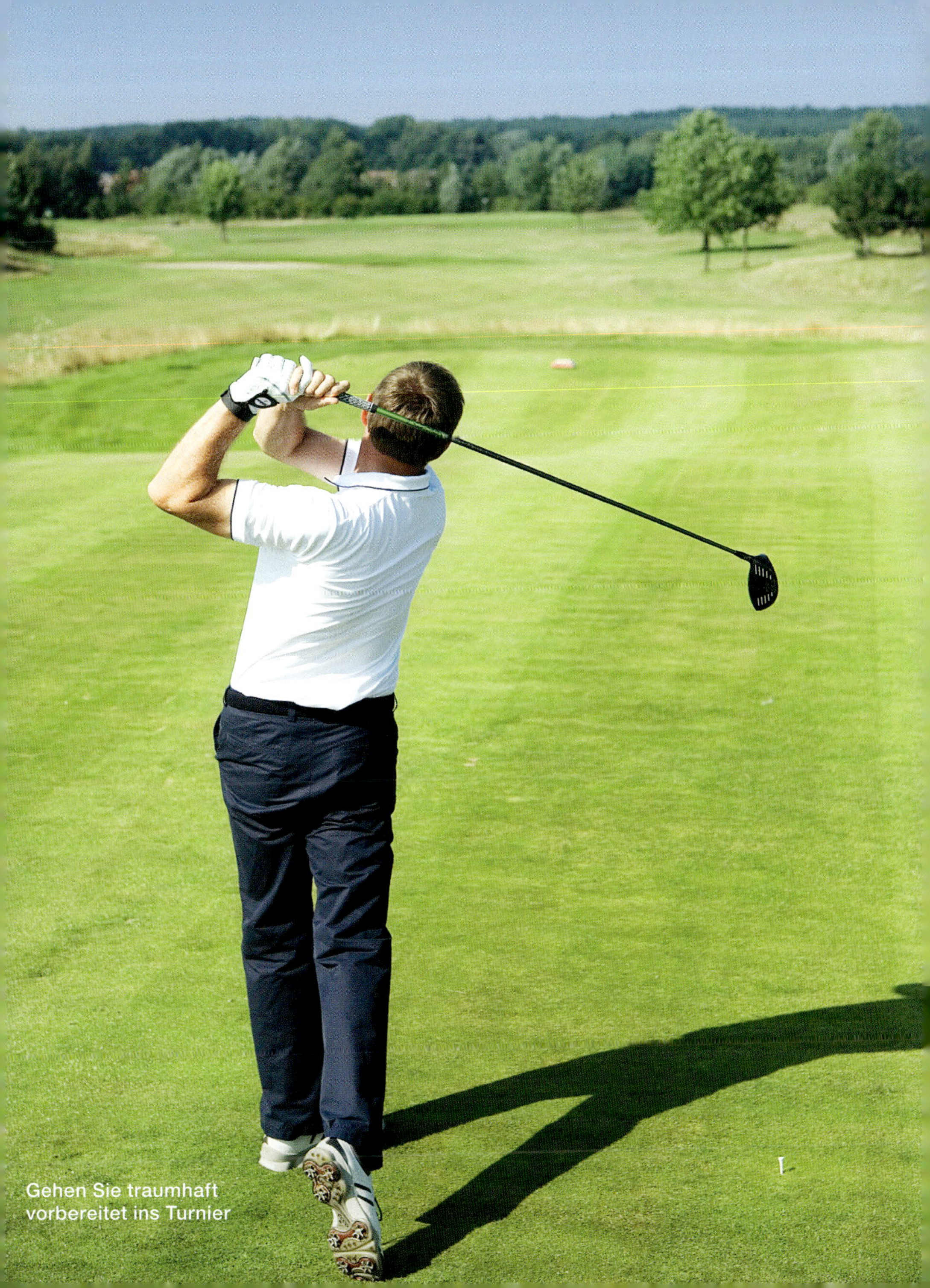

Gehen Sie traumhaft
vorbereitet ins Turnier

oben gerichteten Blick bei geschlossenen Augen haben. Stellen Sie sich vor, wie Sie mit Entschlossenheit auf Tee 1 gehen. Spüren Sie die gewünschte Spannung in Ihrem Körper und die Achtsamkeit im Pre-Shot-Ritual. Erinnern Sie sich, wie Sie diesen Schlag schon einmal optimal ausgeführt haben.

Wenn Sie den Platz noch nicht gespielt haben oder diesen Schlag selten gut ausführen, planen Sie den Schlag einfach in Ihrer Vorstellung so, wie Sie es im Turnier gerne machen würden. Entscheiden Sie sich, den Ball im linken Drittel des Fairways aufkommen zu lassen, damit er weg vom Wasser läuft. Planen Sie in Ihrer virtuellen Runde immer ganz konkret. Vorstellungen wie „möglichst weit“ oder „möglichst nah“ geben Ihrem Gehirn nicht die Informationen für eine wohlorganisierte Golfrunde. Nehmen Sie einen passenden Schläger und führen Sie den Schlag mit voller Entschlossenheit aus, gehen Sie durch den Ball und verweilen Sie einen angemessenen Moment in der Finish-Position.

Sehen Sie dem Ball nach, wie er startet und verfolgen Sie den gewünschten Ballflug. Beobachten Sie, wie der Ball auf der vorgesehenen Stelle landet und ausrollt, genau so, wie Sie es geplant haben. Freuen Sie sich darüber, dass der Ball genau dort platziert wurde, wo Sie ihn hinhaben wollen. Im Traum ist es ein Leichtes, die Schläge zu machen, die Ihnen das Gefühl geben, das Richtige getan zu haben.

TRÄUMEN SIE DEN IDEALEN SCHLAG

Sollte Ihr Gehirn wieder einmal widerspenstig sein und den Ball nicht an der geplanten Stelle platzieren oder anders rollen lassen, so gehen Sie zurück und wiederholen Sie die Situation so lange, bis die Szene genauso abläuft, wie Sie es wollen. Haben Sie keine Scheu, fangen Sie immer wieder an und korrigieren Sie Ihren Traum. Auch der französische Dramatiker Eugène Ionesco wusste um die Kraft der Vorstellungen: „Phantasie ist nicht Ausflucht. Denn sich etwas vorzustellen, heißt, eine Welt zu bauen, eine Welt zu erschaffen.“ Die Neurowissenschaften haben dieses Phänomen bereits erkannt und im Magnet-Resonanztomographen nachgewiesen. Erste Anleitungen zum Klarträumen werden bereits veröffentlicht.

Beenden Sie den Schlag, führen Sie mit einer gewissen Genugtuung das Ritual „Schlag-Ende“ aus und stecken den Schläger mit einer kraftvollen Geste ins Bag. Gehen Sie nun zum Ball und spüren Sie den Boden unter Ihren Füßen. Spüren Sie den Wind im Gesicht, sehen Sie das für das Turnier hergerichtete Fairway und nehmen Sie dies mit allen Sinnen wahr, so als wären Sie jetzt wirklich auf dem Platz.

Wenn Sie am Ball angekommen sind, planen Sie den nächsten Schlag. Erinnern Sie sich an einen optimalen Schwung für diesen Schlag. Planen Sie wie gewohnt und bereiten Sie sich mit dem Pre-Shot-Ritual vor. Führen Sie den Schwung mit Entschlossenheit durch und lassen Sie den Ball wieder wie geplant starten und da landen, wo Sie ihn haben möchten. Sehen Sie, wie der Ball leicht links startet und mit einem Fade auf die sichere Seite des Grüns an die gewünschte Position rollt. Beenden Sie den Schwung mit dem Post-Shot-Ritual und gehen Sie aufs Grün. Führen Sie Ihr Putt-Ritual mit derselben Achtsamkeit und Entschlossenheit durch wie alle anderen Schläge. Lassen Sie den Ball ins Loch rollen oder in die Nähe, um anschließend den Par-Putt zu versenken. Auch in Ihrer virtuellen Golfrunde wissen Sie, dass nicht alle Putts fallen.

NUTZEN SIE IHRE VORSTELLUNG

So spielen Sie nun Loch für Loch und enden mit einer Par-Runde, entsprechend Ihrer Spielstärke mit einigen Birdies und Bogeys. Spielen Sie im Traum Ihre volle Leistungsstärke aus, Schlag für Schlag und Loch für Loch. Es geht in diesem virtuellen Golfspiel nicht darum, Traumschläge und Phantasie-Ergebnisse zu spielen. Sie spielen das Golf, zu dem Sie mit Ihrer aktuellen Spielstärke fähig sind. Eine Runde, in der sich einfach gute Schläge Ihres Spielniveaus an gute Schläge fügen. Das wird in der Summe Ihre Traumrunde, im wahrsten Sinn des Wortes.

Darüber werden Sie mit Sicherheit einschlafen, die Kraft tanken und Erholung finden, die Sie für eine erfolgreiche Runde am nächsten Tag brauchen. Wenn Sie früher einschlafen, ist das wunderbar. Ihr Gehirn hat die Ausrichtung erhalten und Ihr Körper die Erholung gefunden, die Sie brauchen. Sollte es am Anfang nicht so recht gelingen und Sie haben die virtuelle Golfrunde unterbrochen, so verhalten Sie sich genau so, wie Sie es auf dem Platz tun

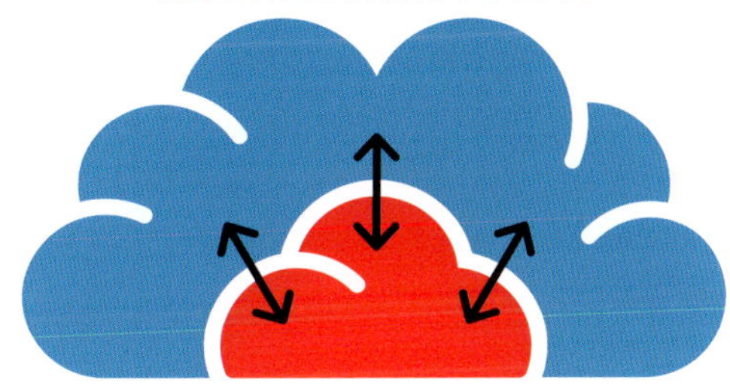

Synchronisation der Entscheidungssysteme im Traum

RITUAL TRAUMHAFTER TURNIERSTART

So bereiten Sie sich und Ihre Umgebung auf das Turnier vor.

1 Lassen Sie den vergangenen Tag vorbeiziehen, egal wie er war

2 Legen Sie sich auf den Rücken, schließen Sie die Augen

3 Führen Sie Ihren Golfschlag in der Vorstellung durch

3a Beginnen Sie mit Ihrem Pre-Shot-Ritual

3b Führen Sie Ihren Schwung entschlossen und kraftvoll aus

3c Erleben Sie, wie Sie den Schlag optimal ausführen

3d Sehen Sie den Ball starten und verweilen Sie in der Finish-Position

3e Führen Sie das Post-Shot-Ritual durch

3f Wenden Sie das Ritual „Schlag-Ende" an und gehen Sie in die Relax-Phase über

4 Drehen Sie die Szene neu, wenn Sie unzufrieden sind

5 Gelingt die Korrektur nicht, wenden Sie die unterstützenden Rituale an:

- Umgang mit Gefühlen
- Emotionsregulierung
- Ressource-Anker

6 Spielen Sie nun Loch für Loch in dieser virtuellen Runde das Golf, zu dem Sie fähig sind

würden. Wenden Sie das Ritual „Umgang mit Gefühlen" oder „Regulierung von Emotionen" an. Wenn Sie zusätzlich Unterstützung brauchen, lösen Sie Ihren Ressource-Anker aus. Danach fangen Sie einfach wieder von vorne an oder setzen die Runde beim letzten gelungenen Golfschlag fort. Früher oder später werden Sie mit einem angenehmen Gefühl einschlafen und auf das Turnier vorbereitet aufwachen.

Sollten Sie zwischendurch aufwachen, so setzen Sie beim letzten Loch, das Sie erinnern, wieder an und spielen Ihre Traumrunde weiter.

WIRKUNG

Sie werden vor dem Turniertag sicher und ruhig einschlafen, Sie tanken Kraft und finden Erholung. Ihr Gehirn und Ihr Körper sind auf ein erfolgreiches Spiel ausgerichtet. Gleichzeitig lernen Sie, die Rituale anzuwenden.

Sie werden ausgeschlafen aufwachen und haben alle Ressourcen aktiviert, die Sie für ein erfolgreiches Turnier brauchen. Damit werden Sie das Golf spielen, zu dem Sie fähig sind, und erfolgreich in das Turnier starten.

DANKSAGUNG

Ohne Mareike Boom gäbe es dieses Buch nicht. Ihre Liebe zu Büchern und ihre Fachkenntnisse im Verlagswesen, in der Pressearbeit und der Kommunikation ließen die gemeinsame Vision von einem schönen Buch erst reifen. Mit ihrer tatkräftigen Unterstützung, hohen Kompetenz und Zielorientierung sorgte sie dafür, dass das Buch in die Welt kam. Ihr mutiges Ringen um gute Formulierungen und Lösungen waren das Fundament für das Gelingen. Ihr Glaube an mich, an K-I-E und die gute Wirkung für alle Golfspieler gaben mir die Kraft, das Buch zu Ende zu führen. Vielen Dank an meine Projektleiterin.

Die Umsetzung der Grundlagenarbeit in die golfact-Rituale wurde in wunderbarer Zusammenarbeit mit meiner Tochter Laura Graf gestaltet. Sie war der maßgebliche Treiber und die strahlende Kraft für Veröffentlichungen. Einige der letzten Artikel im „Golf Journal“ stammten schon maßgeblich aus ihrer Hand. Vielen Dank an meine Muse, die immer an meiner Seite stand.

Unterstützung in der stetigen Verfeinerung des K-I-E Konzepts fand ich bei meiner Tochter Elsa Graf, die mit ihrer klaren, unbestechlichen Art meiner Forschung immer wieder neue Impulse gab. Dafür danke ich ihr von ganzem Herzen.

Vielen Dank auch an David Blakeman. Der englische Amateurmeister von 1981, European-Tour-Spieler von 1982 bis 1988 und erfolgreiche Golftrainer mit G1-Status bei der PGA und Mitglied des Coach Teams der PGA of Germany gab 2008 den Anstoß, die golfact-Rituale zu entwickeln. Er motivierte mich, die emotionalen Aspekte in das mentale Golftraining zu integrieren. Aufgrund seiner Empfehlung entwickelte sich die erste Zusammenarbeit mit Profispielern, Mannschaften und Amateuren.

Vielen Dank an Steffi Kirchmayr für die Zusammenarbeit von Februar 2012 bis März 2013. Mit ihr wurden die Rituale „Sicher putten“ und „Regulierung von Emotionen“ für den Profisport erfolgreich angewendet. Sie wurde 2013 und 2014 Deutsche Meisterin der PGA.

Dank gebührt Prof. Dr. Hartmut Schröder, Europa-Universität Viadrina, Frankfurt (Oder), für sein Vertrauen in meine Forschungsarbeit und in das K-I-E Konzept, seine Förderung im persönlichen Dialog und die Einrichtung der Arbeitsstelle für Golf und Gesundheit an der Steinbeis-Hochschule Berlin.

Vielen Dank an Stefan Engert, Chefredakteur „Golf Journal“. In der erfolgreichen Zusammenarbeit mit dem „Golf Journal“ entstand die Mental-Serie, auf deren Basis ich die golfact-Rituale für das Buch weiterentwickelte.